誰からも「できる！」と思われる

齋藤 孝
Takashi Saito

大人の語彙力ノート

Otona no Goi-ryoku Note

SB Creative

はじめに

　今、大人の言葉遣いが問題になっています。
　子どもっぽい話し方をしている、社会人らしく見えない。そして、そのことで損をしてしまう。
　言葉の比重は、どんどん大きくなっています。
　これはもうすでに就活の時期からはじまっています。
　就活の時期に、あまりにも学生言葉、もしくは子どもっぽい言葉遣いをしてしまうと、この人は社会に出すにはちょっと不安である、その教育を担うだけの余裕がうちの会社にはないというふうに判断をされて不利になることもあります。

　また、メールのやりとりが仕事の中心になってきています。
　メールでの言葉遣いというのは、ちょうど書き言葉と話し言葉が混ざったような新しい文体の文章です。純粋な書き言葉と違って、メールには話し言葉のような気安さもちょっと含んでいる。
　ですから、日本語の中の話し言葉の伝統と書き言葉の伝統の重なる部分が、ちょうど今メールという形で非常に拡大してきているということなのです。
　ベースになるべきなのは、書き言葉です。しかし、今SNSなどで話し言葉で文をつくる傾向があるので、書き言葉にあるような"きちんとした大人の言葉遣い"というものが、失われつつあるように思います。きちんとした言葉遣いを練習する必要があります。

語彙力を「言い換え力」で身につける

今必要なのは、語彙を増やすということ、語彙力を高めるということです。

日本語の語彙は大変豊かです。

ですから、一つの言い方だけではなく、「言い換え力」を身につけていく。こうも言えるし、ああも言える。あるいはニュアンス的にはAよりもBのほうがよりニュアンスが伝わるといったように、細かなニュアンスが伝わるように言葉をセレクトする。そういう力が語彙力というものです。

語彙力がない人は、決まりきった言葉、あるいは子どもっぽい言葉しか使えません。そうすると、正式な場面での挨拶、たとえば結婚式、あるいはお葬式、あるいはみんなの前でプレゼンテーションをするとか、会を取り仕切るといった場面で恥をかくことにもなってしまう。そこで、フレーズとしてまずは使いこなせるようになってみようというのがこの本の趣旨です。

フレーズというのは非常に実用的なものです。

フレーズを一つ覚えておきますと、様々な場面でそつなく振る舞えます。たとえば、「このたびは誠にご愁傷さまでございます」という言葉が言えたら、お葬式のときにはひとまず落ち着けます。この場面ではこう言っておくと、その場がおさまるという便利なフレーズを使いこなせるようになることで、大人の言葉遣いが身につきます。

漢語、大和言葉で
「語彙力」のあるフレーズに

　言い換える際に、できれば、フレーズの中に日本語としてこなれた大人の語彙が入っているといいでしょう。ただ言い換えるのではなくて、「語彙力」が感じられるフレーズになるといっそういいと考えます。

　語彙力を高めるには、二つの軸があります。

　一つの軸は<u>漢語を身につけること</u>です。漢語というのは中国から入ってきた言葉ですが、その比重は、実は日本語の中では非常に大きいものです。

　ですから、夏目漱石の時代ぐらいまでは、男性はほとんど漢語になじむことが勉強の中心だったわけです。それを素読という形でやる。それが勉強の中心でした。漢籍になじむというのが、教養があるということそのものだったわけです。

　漢語のほうは、コンパクトに言いたいことを伝えます。そういう意味では非常に凝縮力がある。意味を凝縮する力があるのは漢語のよさです。

　ですから、新聞などでは漢語が多用される。短い文章の中に意味をたくさん入れていくときには漢語が便利ということになります。

　それともう一つの軸が**大和言葉**です。大和言葉は、漢語が入ってくる以前から、成立している日本語です。やわらかないい雰囲気の言葉が多いので、挨拶などでは大和言葉が活用されていることが多い。そして、雰囲気や人間関係を和らげるのに役立つのが大和言葉のよさです。ひらがな表記が似合うのが、大和言葉です。

友達同士のおしゃべりだけでは
「語彙力」は増えない

　今の全体の国語力、日本語力を各世代で見ていきますと、漢語の活用の力というのは、年々、落ち続けています。

　それは大きな流れとしては、漢籍というものを中心とした勉強から離れてきたということが一つ。もう一つは、そもそも活字離れが進んでしまっていることです。

　私は活字文化を推進する委員会に所属しているぐらいなのですが、新聞や書籍などで使われている活字、それが日本人の教養、あるいは頭の働きそのものを支えていると考えています。

　活字文化から離れてしまって、友達同士のおしゃべりだけでやっていると、語彙が増えない。語彙の少ない友達と延々と話しても、やっぱり語彙は増えない。500語ぐらいですべての用が足りてしまう。**場合によっては、すごいとかヤバいなどと言っていたら、20語程度ですべての会話が終わってしまう**。そうすると、新しい言葉に出会えないわけです。

　書き文字である活字というものを吸収しながら語彙を増やしていくことによって、日本語として使える語彙力を飛躍的に高めることができるのです。その際に、この言葉というのはこういう大本があるんだとか、この漢字はこういうふうな成り立ちなんだとか、そういうところも同時に知ることができると、記憶が定着しやすくなり、応用もしやすくなっていきます。

　ですので、この本ではフレーズとともに、語彙に注目して、語彙の広がり、応用の仕方というものも含めて、表現が豊かになるようご紹介しました。

　それにプラスして、現代の社会では、いわゆる外来語、カタカナ語と

いうものも実際に機能しています。そういうものも完全に無視していると、会議の場面でも機能しませんし、野球の試合などでストライクを「良し」と言っていた戦前に戻るわけにもいきません。そこで、外来語は、日本語として定着したものは日本語としてみなすというスタンスを今回はとります。

その一つの基準は、各種の信頼できる国語辞典に採用されているものに関しては、外来語を日本語として扱うというものです。たとえばイノベーションという言葉や、コンセプトという言葉は、もうすでに日本国語大辞典や広辞苑などにも採録されています。そういうものは使えるのが望ましいですし、すでに日本語であるというふうに考えていいのではないかと思うのです。そういうものを完全に排除した純粋な日本語ということを考えるのもまた偏狭な考えだと思います。

元々日本語というのは外来語である中国の漢字を音読みで読んで、そのまま取り入れたわけですから、柔軟性、雑種性というものが特徴でもあります。

カタカナ語というのも、日本語の武器の一つですから、それも取り入れたいということで、現代の生活において非常に便利に使いこなせる、実用的な場面を想定しつつ、日本語としての語彙の奥行きというものを勉強できる、そのような本を目指してみました。

なお、「何卒ご容赦くださいますようお願い申し上げます」などといった敬語は、二重敬語ではありますが、すでに一般的に用いられているものは、今回は良しとしました。

この本を使って、大人の語彙力、大人の言葉遣いができるようになっていただければ幸いです。

2017年8月　　　　　　　　　　　　　　　　　　　　齋藤　孝

CONTENTS

はじめに──001

第1章
「普段の会話で品よく見せる」語彙力ノート──011

- なるほど→おっしゃる通りです
- 大丈夫です→問題ございません
- 今、お金がなくて…→今、持ち合わせがなくて…
- わかりません→勉強不足で申し訳ございません
- それでいいです→異存はございません
- 楽しみにお待ちしています→首を長くしてお待ちしております
- やばい→大変だ!
- ぶっちゃけて言うと→ありていに言えば
- 教えてください→ご教示ください
- 上手ですね→お手の物ですね
- すみません、忘れておりました!→すみません、失念しておりました!
- つまらないものですが、お受け取りください→ご笑納ください
- 忘れてください→ご放念ください
- 伝言です→お言づけがございます
- 確認してください→確認のほど、よろしくお願い申し上げます
- 一緒に行きます→お供させていただきます
- いただく→賜る

第2章
「お願いする」ときの語彙力ノート──039

- お願いして申し訳ございません
　　→お使い立てして申し訳ありません　お手を煩わせて申し訳ありません
- どうぞよろしくお願い申し上げます→何卒よろしくお願い申し上げます
- 手伝ってください→お力をお貸しください／手をお貸しください
- 知っておいてください→お含みおきください
- 見ておいてください→お目通しのほどお願いします
- 自分のことを覚えておいてください→お見知りおきください

第3章
「言いづらいことを言い換える」語彙力ノート——053

- 当日は都合がつきません→当日はあいにく都合がつきません
- 残念ですが、おうかがいできません→よんどころない急用ができまして
- 絶対無理です→私には荷が勝ちます
- 〜できません→〜しかねます
- 苦手なので、勘弁してください→不調法なもので、勘弁してください
- （目下の自分から言いづらい…）→僭越ながら申し上げます
- それを責めるのは間違いでしょう→それはお門違いではないでしょうか
- 私のミスです→私の不手際です
- 反省しています→平にご容赦ください
- 言い過ぎだよ→口が過ぎるよ
- あの人とどうも合わないんだよね→あの人とはしっくりこないんですよね
- 一見立派に見えるけど、実際は違うよ→砂上の楼閣だね
- 中止になりました→お蔵入りになりました
- あの人の言い方は不愉快だ　ウザい→あの人の言い方は耳に当たる
- （これを言うと自慢になってしまうな…）→手前味噌ですが

第4章
「気持ちを伝える」語彙力ノート——079

- うれしく思います→冥利に尽きます
- おめでとうございます→慶賀にたえません
- ありがたい言葉に感謝します→もったいないお言葉でございます
- 助けていただき→ひとかたならぬご尽力をいただき
- 来てくれてありがとうございます→ご足労おかけいたします
- お送りくださいましてありがとうございます
　　　→ご恵贈（恵送）くださいまして、御礼申し上げます
- ごちそうになりました→思わぬ散財をさせてしまいました
- （へりくだって）普通のものですが→月並みですが
- 残念です→遺憾に思います
- やりたくないなあ→気が乗らないんですよね
- もやもやとしてすっきりしない→しこりが残る
- 大変（つらい）ですね→ご心痛のほどお察しします
- ひどい→開いた口がふさがらない

- そのままにしておけない→看過できない
- 納得できない→潔しとしない
- ラッキーだったよ→もっけの幸いでした

第5章
メール・ログセで自分を下げない「同じ言葉の繰り返しをなくす」語彙力ノート——099

- 「考えます」を言い換える
- 「思う」を言い換える
- 「感じる」を言い換える
- 「頑張ります」を言い換える
- 「すごい」を言い換える
- 「確かに」を言い換える
- 「かわいい」「素敵」「きれい」を言い換える
- 「おいしい」「うまい」を言い換える
- 「本当に」を言い換える
- 「超」を言い換える
- 「多い」「たくさんある」を言い換える
- 「少ない」「ちょっと」を言い換える
- 順次　逐次　随時
- 適宜　適切　適当

第6章
会議・打ち合わせで「できる！」と言われる語彙力ノート——155

- だいたいお話の通りです→概ねおっしゃることに同意します
- とりあえずの日程です→暫定的な日程です
- OKです→かしこまりました
- 一つにまとめます→一元化します
- いろいろと考えてみたところ→勘案してみたところ
- 担当を任される→お役目をいただく
- うまくいくよう努力します→善処します
- 主導権を握る→イニシアチブをとる

- 定性的　定量的の違い
- 他と比べてよい傾向です→相対的によい傾向です
- お客様のビジネスに役立てるため→お客様のビジネスに資するため
- 代わりの案をお持ちしました→代替案をお持ちしました
- 朝いち→○時○分と適切に示そう
- コンセプト　スキーム　フェーズ
- マター　タスク
- フィックス　ブラッシュアップ　ロジック
- アジェンダ　レジュメ　サマリー　エビデンス　オルタナティブ
- コミット　アサイン　アテンド　アライアンス
- ボトルネック　リソース　リスク　イノベーション
- インスパイア　リスペクト　メンター
- ステークホルダー　クライアント

第7章
「訪問・宴会・手紙で使える」語彙力ノート—191

- ごちそうになって恐縮ですが、そろそろ帰ります
    →いただきだちで恐縮ですが、そろそろお暇させていただきます
- 気楽にしてくださいね→心置きなくお過ごしくださいね
- いただきもので失礼ですが→おもたせで失礼ですが
- ご記帳をお願いします→ご芳名をお願いします
- 自由にお話しください→ご歓談ください
- (お悔やみのときに励ます)→お力落としになりませんように
- ぜひ出席ください→ご臨席いただきますようお願い申し上げます
- ご清祥のこととお喜び申し上げます
- 様　殿
- 突然で恐縮ですが→卒爾ながら
- 遅くなりましたが→遅ればせながら
- 幸いです→幸甚です
- 心より御礼申し上げます→衷心より御礼申し上げます
- ご厚誼を賜り、御礼申し上げます
- ご配慮をありがとうございます→ご厚情、痛み入ります
- いつもありがとうございます
    →いつもお引き立ていただき、ありがとうございます
- 久しぶりです→久方ぶりでございます

- お元気ですか?→つつがなくお過ごしですか?
- 直接お会いして御礼申し上げるところ→拝眉の上御礼申し上げるところ
- お体を大切に→ご自愛ください
- 敬具→かしこ　あらあらかしこ
- 寸志　厚志　芳志
- もう一度繰り返します→復唱いたします

第8章
センスが伝わる「季節の言葉」ノート

- 春めいてきました
- 桜狩り
- 風薫る
- 秋簾
- 冬隣
- 篠突く雨
- 淡雪
- 朝まだき
- 昼日中
- 暮れなずむ
- 暮夜　小夜

第1章

「普段の会話で品よく見せる」語彙力ノート

01 受け答え

なるほど
↓
おっしゃる通りです

会話の中で相手に同意をすると、相手も安心して話をしてくれます。「なるほど」は、状態や理屈を確認し、納得することを示す言葉。会話では相手の言葉に同意する気持ちを表します。

相づちとして使いやすいため、クセのようになって連発してしまう人が多いようですが、多用していると、「ちゃんと話を聞いているのか」と相手に疑念を抱かせる恐れがあります。また、目上の人に対して使うと尊大な印象を与えるので、頻繁には使わないのが基本です。

この「なるほど」は、中世期から用いられるようになり、室町時代に作られた謡曲『烏帽子折』(1480頃) に見られます。もともと「可能な限り」という意味もありましたが、近世中期以降、「なるべく」「なるたけ」などにとって代わられました。

もっと言い換え！

確かにそうですね

「確か」は、信用できること、間違いがないことという意味があります。会話では、真実である、間違いがないというニュアンスが伝わります。「確」は、石と寉からなる漢字。寉は硬(コク)に通じる言葉で、「硬い」という意味があります。「硬い石」と考えると、**相手を強く肯定するようなイメージ**が湧きやすいですね。

まさしく、おっしゃる通り！

「正しい」は正真正銘である、正しい、確実であることを示します。「まさしく、おっしゃる通りですね」とすれば、普通に「おっしゃる通り」と言うよりも、**「本当にそうだ」という実感がこもります。**相手に強く同調するときに便利な言葉です。

いかにも、その通りです

相手の言葉に対して、肯定・同意する応答の言葉です。もともとは、「さまざまな選択範囲の中からどれかを選択する」という意味だったとされますが、その後、**「選択しようとしてもその余地がない」ということから、同意を示す言葉として使われるようになりました。**

とはいえ「いかにも！」といきなり言われたら、「時代劇か？」と相手は驚いてしまいかねませんので、「いかにもその通りです」などとほかの言葉に添えて使いましょう。

○○さんのお話はごもっともです

疑問がないことを表す「もっとも」に、相手を敬う「ご」をつけた言葉です。**目上の人に対して、同調する**ときに使いやすい言葉です。

クレーム対応のプロによると、「おっしゃることは、ごもっともです」という言葉は、相手の怒りをおさめるにも効果的だそうです。

02

受け答え

大丈夫です
↓
問題ございません

「大丈夫」も普段様々なところで使います。たとえば、「その仕事一人でできる?」と言われて「大丈夫です」、また「手伝おうか?」と言われて「大丈夫です」など。便利な言葉ではありますが、なんにでも使っていると、語彙の少ない人、教養のない人だと思われそうですね。

「大丈夫」はもともと立派な男性のことを指しました。そこから、「極めて丈夫」「あぶなげない様」を指す言葉になり、明治以降、健康を表す「丈夫」と、広く問題ないときに使う「大丈夫」が分かれました。最近は「心配ありませんよ」という意味や拒否の意味でも使われますね。

もっと言い換え！

差し支えありません

「差し支え」は、不都合なこと。「差し支えありません」で、「不都合はありません」という言葉です。

相手の都合で何か変更があり相手が恐縮しているときに、**大丈夫ですよ**という意味も込めて、「差し支えありません」と言うと、相手もほっとしますね。

子細ありません　子細に及びません

差し支えない、別状がないといった意味です。「子細」は、細かなこと、詳しいこと。ここでは、あれこれと異議を言い立てるほどのこと、面倒なこと、異論という意味で使われています。

たとえば、相手がメールで仕事が遅くなると伝えてきたときなどに、「差し支えありません」という意味で「子細ありません」などと使います。

「子細に及びません」 という表現もあり、あれこれ事情を申し立てる必要はない、という意味になります。

支障ありません　不都合ありません

「支障」は目的を阻む物事、不都合もほぼ同様ですね。

お気持ちだけいただきます

何かの申し出を断るときに「大丈夫です」と言うときがあります。「それで満足しているので、これ以上は不要です」という気持ちを含んだ使い方です。本来は不適切なのですが、若い人を中心によく使われています。

言い換えるのでしたら、もう充分です、という意味の「結構です」や「お気持ちだけいただきます」「お構いなく」という言葉が使えます。「結構です」は言い方によってはきつく感じることもありますが、**「お気持ちだけいただきます」であれば、相手に対しても丁寧です。**

03 受け答え

今、お金がなくて…
↓
今持ち合わせがなくて…

急な飲み会などに誘われて、「今、お金がないから、一緒に行けないんだよね」と、そのまま言うのは、ちょっとかっこ悪いですね。そのときに使えるのが、「持ち合わせ」です。「持ち合わせ」とは、現在持っている金銭、所持金のこと。お金がないことを「今持ち合わせがなくて」と表現します。

もっと言い換え！

手元不如意（てもとふにょい）で

「持ち合わせがなくて」をもう少し高度にしたのが、「手許不如意で」です。「手元・手許」は、手の届くあたり、手の動きといった意味があり、暮らし向き、生計も表す言葉となりました。この場合は、手許に用意しておく金銭、小遣い銭を示す「手許金」の略語です。

一方、「不如意」は、分解すると、「意の如くならず」。思い通りにならないこと、特に、そのことをするための資力や能力が乏しいことを指します。「手元不如意」で、**手元のお金がなくて、どうにもならない**、という意味になります。

明治時代の小説家、劇作家であった坪内逍遙（つぼうちしょうよう）（1859～1935）の『当世書生気質（かたぎ）』という作品に、「さらぬだに不如意なる活計が」との表現があります。「さらぬだに」は「ただでさえ」の意。「ただでさえ貧乏な生活が」ということです。

例文） 今、手元不如意なので、参加は遠慮させていただきます。

金欠病で

「金欠で」という言葉もよく使われます。「金欠病」は、お金が足りなくて困っていることを病気にたとえて言う言葉ですね。
例文）今、金欠病にかかっていましてね。

糊口をしのいでおります

「糊口をしのぐ」は、貧しく暮らすこと、かろうじて生計を立てることを意味する慣用句。「糊口」は「口に糊す（かゆをすする）」という意味で、どうにか暮らしていることを表す言葉です。実際にそこまで貧乏というのではなくても、<u>自分の生活をへりくだって表現する</u>ときにも使います。
例文）アルバイトで糊口をしのいでいます。

素寒貧

貧乏で体以外には何もないことを指す言葉です。こちらも『当世書生気質』に「素寒貧な書生の身分で」という表現が出てきます。
　単に貧しい、お金がないというよりも、相手を罵ったり、自分の状況について使う言葉です。
例文）給料前で素寒貧だよ。

04

受け答え

わかりません
↓
勉強不足で申し訳ございません

　知らないことを問われたとき、素直に「わかりません」と答える勇気は必要です。とはいえ、お客様や仕事の相手に対して「わかりません」では、能力を疑われてしまいます。この場合は、「勉強不足で申し訳ございません」などと答えると、反省の意図が伝わり、傷口が広がるのを防ぐことができます。

　なお、「わからない」ことを明らかにした上で、「教えてください」と謙虚にお願いする姿勢も好印象。この場合に使いたいのは、「ご教示ください」(P28) です。

もっと言い換え！

不勉強で申し訳ございません

　勉強不足とほぼ同意で使われます。
　「不勉強」は、学業を怠ること、努力を怠ること。「不勉強で…」と言うと、ただ「わからない」ではなく、「努力が足りていませんでした」という**反省のニュアンス**が伝わります。
例文）不勉強で申し訳ございませんが、ご教示いただけましたら幸いです。

寡聞にして存じ上げません

　不勉強であることを謙遜している「常套句」があります。その一つが「寡聞にして存じ上げません」。

　「寡」は少ないという意味です。「寡聞」は見聞が狭いこと、**知識が乏しい**ことの意味であり、容認できない説に対して皮肉を言うときにも「そのようなことは、寡聞にして存じませんでした」などと言います。

例文）その研究については、寡聞にして存じあげません。

浅学非才

　同じく学識が浅いことをへりくだって言うときに使うのが「浅学」という言葉。「**私などまだまだ浅学非才の身でして…**」などと使います。「非才」は、才知のないこと。もともとは「浅学菲才」という字も使われていましたが、現在では常用漢字の「非」を使うのが一般的です。

例文）浅学非才を顧みず、リーダーとしてチームを引っ張るつもりです。

05 受け答え

それでいいです
↓
異存(いぞん)はございません

　目上の人に同意するとき、「それでいいです」と言うのは、ちょっと不躾(ぶしつけ)な気がしますね。丁寧に言うなら「異存はございません」という言葉が使えます。

　「異存」は、他人とは違う考え、反対意見、異議のことですが、それがないのですから、「あなたの意見に賛成です。私が言うことは何もありません」と全面的な賛成の意思を示します。基本的には、目上の人に対して使います。

もっと言い換え！

異議(異論)はありません（反対しないことを示す）

　相手の意見に対して、反対意見や不服がないことを表します。
例文） その意見に異議はありません。

賛成します（よいと認める）

　他人の意見や提案をよいと認めることです。
例文） Aさんの提案に賛成します。

同意します（自分も同じであることをアピール）

賛成するだけでなく、自分も同じ意見であることをアピールします。
例文） 彼に同意します。

賛同します（賛成と同意）

賛成と同意の両方の意味が合わさった言葉。他人の意見をよいと認めて、自分も同じ意見を持っていることを表します。
例文） 彼女の意見に賛同します。

支持します（継続的）

他人の意見や行動などをよいと認めて、後援することです。「賛成」「同意」「賛同」が一時的な行為であるのに対して、「支持」は継続的に支えることを表します。
例文） 私たちはBさんの提案を支持します。

06

受け答え

楽しみにお待ちしております
↓
首を長くしてお待ちしております

　パーティや式典などに招待されたとき、「楽しみにお待ちしております」以外にも、待ち遠しく思う気持ちを伝える言葉があります。

　その一つが「首を長くしてお待ちしております」。これは、今か今かと期待して待ちわびる意味。待ち焦がれて首を先へ先へと伸ばすような思いです、という気持ちが伝わります。**「首を伸ばしています」**「**鶴首(かくしゅ)してお待ちしています**」なども同様の表現。「鶴首」は、鶴の長い首になぞらえているわけですね。

もっと言い換え！

指折り数えております

　文字通り、指を折り曲げて年月を数えている、ということです。「夏休みを指折り数えて待つ」「給料日を指折り数えて待つ」などの表現には実感がこもっていますね。
例文) お目にかかる日を指折り数えてお待ちしております。

一日千秋の思いです

「一日千秋」(いちにちせんしゅう・いちじつせんしゅう) は、1日がとても長く感じられること、**待ち焦がれる気持ち**を表します。「千秋」は千年の意味。1日が千年にも感じられるというたとえです。

ほかにも「**一日三秋**」(1日会わないと3年もの間会わないように思うことに由来)、「**一刻千秋**」という類語があります。

例文) 帰国の日を一日千秋の思いで待っております。

待ち望む　待ちわびる　待ち焦がれる

「待ち望む」は、実現を期待すること。「待ちわびる」は、気をもみながら長く待ち続けること。「待ち焦がれる」は、じりじりと身を焦がすような思いで待つという意味です。

例文) 待ち望んでいた日がやってきました。

手ぐすねを引いて待つ

同じ「待つ」でも意味合いが違うのが、こちらの言葉です。

「手ぐすね」は「手薬煉」と書きます。「薬煉(くすね)」は、松脂を油で煮て練り混ぜたもの。これを弓の弦に塗ると強化されることから、手に薬練をとること＝準備して機会を待つこと、の意味となりました。**十分に準備をして待つ、あらかじめ用意して敵を待ち受ける**という意味合いで使い、「楽しみに待つ」という意味はありません。

例文) 敵がやってくるのを手ぐすね引いて待っていた。

07

品よく見せる

やばい
↓
大変だ！

「やばい」は不利な状況が身近に迫っていること、それが予想される状況を指す言葉であり、程度の激しいことを意味する言葉でもありましたが、今は「この料理、ヤバくない？（すごくおいしい）」などと、プラスの言葉として使われることが増えてきました。

もとは、不都合な様を意味する「やば」が形容詞になった言葉で、盗人などの犯罪者が「危ない」という意味で使っていました。

「大変」は程度がはなはだしいこと、重大なことを意味します。こちらもプラスのものにもマイナスのものにも使われます。ここでは言い換えとしては、マイナスの内容を紹介します。

もっと言い換え！

これは一大事だ

<u>ほうっておけない重大な出来事</u>のことを「一大事」と言います。仏教用語では、仏様が悟りを開くきっかけを指し、重大事件を指します。

危惧される

　「危惧」は、**あやぶみ恐れること**。悪い結果が起こるのではないかと心配する言葉です。「やばいことになる」は「危惧される」と言い換えられます。

都合が悪い

　「都合」は具合、状況を指す言葉ですので、「都合が悪い」で**状況の悪さ**を示します。「やばい状況」は「都合の悪い状況」となります。

不具合がある

　「都合が悪い」と似ていますが、**具合がよくないこと、調子や加減がよくないこと**を指します。主に機械や家具、体の調子などのことを言います。仲間うちなら「パソコンの動作がやばくて」で通じますが、そうでなければ、「パソコンに不具合があって」という言い方がいいですね。

08

品よく見せる

ぶっちゃけて言うと、○○です
↓
ありていに言えば、○○です

「ぶっちゃけ」は、ぶっちゃける（打明）を略した語。「ぶっちゃける」は「ぶちあける」から転じた言葉で、隠すことなく語るという意味です。

「ぶっちゃけ」は、2000年代から使われるようになり、2003年にテレビドラマ「GOOD LUCK‼」で俳優の木村拓哉さんがセリフで多用したことから、一般に浸透しました。まさか目上の人に「ぶっちゃけ、言わせてもらいますが…」などと口にしている人はいないとは思いますが、言い換え表現に「ありていに言えば」があります。

「有り体」は、ありきたりなこと、ありふれたことのほか、ありのままであること。「有り体に言えば」は、「隠すことなく」という意味です。

もっと言い換え！

率直に言うと（他人がどう言うかわからないけど）

「率直」は、混同されて「卒直」と書かれることもあります。飾り気がなくて正直なこと、ありのままであることを表します。「**正直に言うと**」と同じような意味で使います。周囲や余計なことを気にせずに伝えるときの表現です。

例文）率直に言わせてもらえば…

正味のところ（隠さずに言えば…）

「正味」は、真実の内容、本物を示すことから、嘘やごまかしのない真実の数量や目方という意味があります。**「隠し事を取り除いて真実をお話しします」**というニュアンスです。
例文） 正味のところは、まったく違っています。

本音を言うと（ずっと言わずにいたのですが…）

「本音」には、口に出して言うことがはばかられる本心、本心から言う言葉という意味があります。
「本音を吐く」という表現もあるように、**本当の気持ちを告白する、打ち明ける**という意味合いがあります。
例文） 本音を言わせてもらうと…

単刀直入に言うと（核心をつく）

「単刀」は、一振りの刀であり、「直入」はすぐに入ること。一振りの刀を持って、一人で敵陣に切り込むことから転じて、前置きせずに、いきなり要点に入ることの意味です。問題の核心をつく、というニュアンスで使われます。
例文） 単刀直入にお聞きします。

ざっくばらんに言うと（気取らず話す）

心中を隠さないこと、遠慮がないことを表します。相手と打ち解けて、気取らずに本音を話すという意味合いがあります。
例文） ざっくばらんな意見をお聞かせください。

09

目上の人に

教えてください
↓
ご教示(きょうじ)ください

　目上の人、大事な人に「教えてください」ということを、より丁寧に伝えるのがこの言葉です。「教示」は、「きょうし」とも読み、文字通り「教え示すこと」を表します。文字を反転させた「示教(しきょう。じきょう、とも読む)」も同じ意味を持つ言葉です。

　「教えてください」よりも「ご教示ください」のほうが知的な印象を与える言葉遣いですが、シチュエーションによっては堅苦しい感じもします。メールなどの書き言葉で使いこなせるようになるとよいでしょう。「ご教示賜りたく存じます」などとすれば、さらに丁寧さが伝わります。

　なお、似たような言葉に「ご教授ください」という言葉があります。
　厳密にいえば、「教授」には、教える人である「教授」という意味のほかに、「学問や技芸などを継続的、組織的に教え授けること」という意味があります。
　したがって、**大学の先生などから継続的に講義を受けているときは「ご教授ください」**で、ビジネスで**目上の人から知識や方法を教えてもらうときは「ご教示ください」**が適当です。

> もっと言い換え！

お知恵を拝借できますか

　忙しい相手に、いきなり「教えてください」と言うのは、礼儀に欠ける気がします。
　「知恵を借りる」は、**人に相談をして考えや方法を教えてもらう**こと。「拝借」は、「借りる」の謙譲語です。目上の人に相談したいとき、その人の知識や経験を聞きたいときに使えます。

ご高配のほどお願い申しあげます

　「高配」は配慮の尊敬語。「お心くばり」ということです。何か配慮してもらいたいときに「**ご高配賜りたくお願い申し上げます**」などと使います。

後学のためにおうかがいしたいのですが…

　「後学のためにおうかがいしたいのですが…」「後学のためにご教示ください」といった言葉が自然に出てくれば、できる人という印象も生まれます。「後学」には、将来ためになる知識、後で役に立つこと、という意味があります。「**将来ためになるような知識を教えてください**」という意味が込められるわけです。
例文）後学のために教えていただいてもよろしいでしょうか。

10

ほめる

上手ですね
↓
お手の物ですね

　先輩や上司が得意とすることをほめるとき、「すごい」に代わる言葉を覚えておきましょう。まずは「お手の物ですね」。慣れていて簡単にできること、得意技を指して言います。**「先輩、エクセルの作業はお手の物ですね」「○○課長はスライドを使ったプレゼンならお手の物です」**などと使います。

　同様の表現に「**十八番**（じゅうはちばん、おはこ）」もあります。江戸歌舞伎市川家の得意とした「歌舞伎十八番」に由来する言葉で、得意としていることを意味します。

もっと言い換え！

右に出る者がない

　群を抜いてすごい、ダントツにすごい状況を表すのが、「右に出る者がない」という言葉。**その人よりも優れた者がいない**、傑出していることを意味します。ここでの「右」は、上位という意味であり、かつて座席は右のほうを上席としたことに由来する表現です。
例文） 彼の成績は右に出る者がない。

無双（むそう）

並ぶ者がないことを表現する別の言葉に「無双」があります。「**天下無双**」「**古今無双**」などと古典にも書かれてきましたが、最近はジャーナリストの池上彰さんが選挙特番で政治家に鋭く切り込む様子が「池上無双」という言葉で表現されました。

例文）○○さんは議論になると、無双ですね。

非の打ち所がない

非難すべきところがない、完全である、完璧であるという意味で「○○さんの英語は非の打ち所がないですね」のように使います。「非」は欠点や傷のことで、「打つ」には、しるしをつけるという意味があります。

例文）彼女の接客はまさに非の打ちどころがない。

一頭地（いっとうち）を抜いている

ほかよりも頭一つ抜き出ている様子を示しており、多くの人と比較して、**一段と優れている**というニュアンスの言葉です。

北宋の文士欧陽脩（おうようしゅう）が蘇軾（そしょく）の文章を激賞して、「吾当に此の人一頭地を出（いだ）すを避くべし（私はほかよりもひときわ優れているこの人を畏敬しなくてはならない）」と言ったとの故事に基づいています。

例文）成績においては、常にクラスで一頭地を抜いていた。

受け答え

すみません、忘れておりました！
↓
すみません、失念しておりました！

　人から頼まれた要件を忘れて、すっかり放置してしまった。そんなとき、どう申し開きをしますか。「忘れておりました」は、いかにもストレート過ぎる表現。せめて「失念しておりました」というフレーズを口にしてほしいものです。

　「失念」は、うっかりして忘れること、**もの忘れ、ど忘れを表します。**夏目漱石（1867～1916）の『坊っちゃん』にも「只今一寸(ちょっと)失念して言い落しましたから、申します」との記述があります。

　「失念」は、江戸時代の元禄年間（1688～1704）に江戸新吉原で流行した歌のタイトルでもあり、現在も「忘れ唱歌(しょうか)」という名前で地歌に残っています。仏教用語では、心を散乱させる煩悩の一つです。

12

品よく見せる

つまらないものですが、お受け取りください
⬇
ご笑納ください

「つまらない」は、無価値であること、値打ちがなくて取るに足らないこと。そこから品物を贈るときに謙遜して「つまらないものですが…」と使われるようになりました。一方、**「ご笑納ください」は、粗末な品だから笑って納めてください**という意味で用います。

近年、ビジネスマナーを解説した書籍などで、せっかくの贈り物を「つまらない」と表現するのはむしろ失礼とする論調が出てきました。そこで、より婉曲な言葉である「ご笑納ください」が推奨されています。なお、「つまらないものですが、ご笑納ください」とセットで使われることもあります。

ちなみに、江戸時代に『南総里見八犬伝』などのベストセラーを書いた読本作者の曲亭馬琴(1767～1848)が、小津桂窓という関西の素封家(資産家のこと)に宛てた手紙に「御笑納奉希候」と記しています。小津は馬琴ファンの一人として有名で、馬琴の様々な相談に乗っていたようです。

13

品よく見せる

忘れてください
⇒
ご放念ください

「ご放念ください」は、覚えておくとメールなどで使える言葉です。「放念」は心にかけないこと、心配しないこと。

「どうぞご放念ください」などの表現で、「忘れてください」「なかったことにしてください」「気にしないでください」といった気持ちを伝えます。

たとえば、風邪を引いた自分を相手が気遣って心配してくれたとき。**お陰さまで回復しましたので、ご放念ください**などと使います。

あるいはビジネスで、以前依頼したことが、状況が変わり不要になったときなど、**その件については、どうぞご放念ください**などと伝えます。

もっと言い換え！

お気になさらないでください

たとえば自分が相手を何かサポートして、とても恐縮されたとき、「お気になさらないでください」と言えると好印象です。

14

品よく見せる

伝言です
↓
お言づけがございます

「言づけ(言付け、託け)」は、他人を通して用件を先方に伝えること、伝言を示します。電話などで不在の相手に伝言を依頼したいとき「お言づけがございます」「お言づけをお願いいたします」などと使います。

平安中期に書かれた『枕草子』にも見られる言葉で、古くから使われている言葉であることがわかります。

もっと言い換え!

言伝(ことづて)

便り、伝言、伝聞などを表します。『平家物語』(鎌倉時代)の「風の便りの言伝も、たえて久しくなりければ」の「言伝」のように、人から伝え聞いたことといった意味合いもあります。
例文) 部長からの言伝がございます。

メッセージ

「メッセージ」は、伝言や便りなどのほかに、**公に向かって発言する内容**という意味もあります。
例文) 留守電にメッセージを残してください。
　　　社長が社員向けのメッセージを発表する。

15 品よく見せる

確認してください
↓
確認のほど、よろしくお願い申し上げます

「ほど(程)」は、「…のほど」の形で、名詞の後につけて、表現をやわらかくするときに用います。

「ご確認のほどお願い申し上げます」
「ご自愛のほどお祈り申し上げます」
「ご査収のほどお願いいたします」
「お引き立てのほどよろしくお願い申し上げます」

など、様々に使うことができます。

もともとは、おおよその程度を表す言葉で、古くは「ほと」といいました。「程」という漢字の「呈」には、突き出るという意味があります。稲が伸びて突き出る具合、という意味から転じて、程度や長さの単位を示すようになりました。

当初は、「10分ほど」などと言うときの時間的程度を表す言葉でしたが、奈良時代末から平安時代初期には「千里ほど」といった空間的程度も表すようになります。

そして、平安中期の『土佐日記』『竹取物語』の頃から、身分、分際といった意味でも使いはじめました。それが「身の程をわきまえろ」などと言うときの「ほど」です。

目上の人に

一緒に行きます
↓
お供させていただきます

上司から商談についてくるように言われたとき、「一緒に行きます」と返答するのは敬意に欠けます。せめて「ご一緒させていただきます」、さらに「お供させていただきます」などと言えれば合格です。

「お供」は、主人などにつきしたがって行くこと。また、その人を意味します。

ちなみに、上司についてきてもらうときも「お供させていただきます」が正解です。上司を立てるスタンスです。

もっと言い換え！

お相伴させていただきます

上司や目上の人からお酒の席に誘われたときには「**お相伴させていただきます**」「**お相伴にあずからせていただきます**」という、とっておきのフレーズがあります。

「相伴(しょうばん)」は、もとは正客に伴って接待を受けることを意味し、そこから本来はその立場にないのに、他人に便乗して利益を得たり飲食するときにも使われるようになりました。

上司に誘われてしぶしぶついていくときも、こんな受け答えができるといいでしょう。

目上の人に

いただく
↓
賜る(たまわる)

　「いただく(戴く・頂く)」は、頭の上に載せる、つつしんで受けることを示します。もともとは頭の上に載せるという意味でしたが、上位者から物をもらうときに同じような動作をしたことから、中世以降になると、<u>「もらう」という意味の謙譲語</u>として使われるようにもなりました。

　一方、「賜る」という言葉は、**相手を高める謙譲語**です。「いただく」よりも、恐れ多い気持ちを込めた言葉です。名詞につけて「○○を賜る」というように使います。

　皆さんも、

「ご愛顧を賜り」

「ご指導・ご鞭撻(べんたつ)を賜りますよう」

「ご意見賜りたく」

などというフレーズを聴いたことがあるのではないでしょうか。

　「賜る」は、『日本書紀』(720)に「諸王、諸臣の被給(たまわる)封戸の税は」ともある古い言葉です。封戸は、大宝令(たいほうりょう)や養老令(ようろう)で定められていた貴族に対する給与制度の一つです。

　なお、主君から死を命じられることを、「<u>死を賜る</u>」と表現しました。恐い言い方ですね。

第2章

「お願いする」ときの語彙力ノート

01 依頼

お願いして申し訳ございません
↓
お使い立てして申し訳ありません
お手を煩わせて申し訳ございません

　仕事では自分一人で何もかもこなせるわけではなく、人の手を借りることも多々あるでしょう。人に何か用事をしてもらうとき、恐縮や感謝の気持ちを込めて「お忙しいところお使い立てしてすみません」などと言います。ただし、目上の人には使いません。

目上の人に対しては「お手を煩わせて申し訳ありません」が適切です。「手を煩わす」には、手伝ってもらって人に面倒をかけるという意味があります。「お手数をかけてすみませんが〜」も同様のニュアンスで使われる表現ですね。

もっと言い換え！

何度もすみません→立て続けに申し訳ございません

　何度も同じお願いをして恐縮しているときには「立て続けにお願いして申し訳ありません」などと言います。「立て続け」は短時間に連続して似たようなことが行なわれることです。
　「立て続け」同様、何度も繰り返される様子を表す「度々(たびたび)」も使われます。**「度々で恐縮ですが、もう一度申し込みの手順を教えていただけますか」**などと言います。
例文） 立て続けにお電話してしまい申し訳ございません。

暇なときにお願いします→お手すきのときにお願いします

誰もが忙しくしている昨今、お願いをするときには、相手の時間への気遣いもしたいものです。そこで、特に急ぎではない場合、「お手すきのときに手伝ってください」などと言います。「手隙（てすき）」は、仕事が切れて暇になること、手が空いていること。

ほかには「**ご都合のよいとき**」「**お時間のあるとき**」なども使えます。

「暇なときにお願いします」では、「そんな暇はない！」と言う方もいるかもしれませんよ。

例文） 資料ができました。お手すきの折にでもご覧ください。

お時間のあるときに、ぜひお越しください。

依頼

どうぞよろしくお願い申し上げます
↓
何卒(なにとぞ)よろしくお願い申し上げます

「どうぞよろしくお願いします」はよく使う表現。より真剣に「お願いしたい」という気持ちを伝えたいときは、「どうぞ」の代わりに「何卒」を使って、「何卒よろしくお願いします」という表現があります。

二重敬語ではありますが、現在一般的に用いられる表現です。

「何卒」は、手段を尽くそうとする意志を表し、**「どうか○○してください」**という強い懇願の気持ちが伝わります。

織田信長の一代記である『信長公記』に「其段(そのだん)も何とぞかまひこれあらば、理(ことわり)に及ぶべし」とあるのが初出とされます。

もっと言い換え！

伏してお願いします

同様に強い願望や懇願を示す表現です。「ひれ伏して」の「伏して」ですので、気持ちの強さが伝わりますが、それだけに日常的なお願いに使うと大げさかもしれません。お詫びするときに**「平(ひら)に伏してお詫び申し上げます」**という使い方もあります。

切にお願いします

「切ない」という言葉がありますが、「切」には「心が切れるような思い」という意味もあります。それだけ切迫した、強い気持ちの願望を感じさせる言葉です。そのため、日常的に使うのではなく、いざというときに使うほうが効果的です。

ぜひお願いします　ぜひともお願いします

こちらもよく使う言葉ですね。でも語源をご存じの方はそう多くはないのではないでしょうか。「是非」は、「ことの是非を問う」など、物事の良し悪し、道理にかなっているかどうかを問う言葉です。「ぜひお願いします」となると、**それが道理にかなっていてもかなっていなくても**」という強い意志を持った言葉になります。「ぜひとも」も、「是であっても、非であっても」と考えるとわかりやすいですね。「ぜひ」はよく使う言葉ですが、本来は強い言葉なのです。
例文）お時間のあるときに、ぜひお越しください。

まげてお願いします

「まげて」とは、相手の意思や道理を「まげて」という意味。相手の状況を無理にでも「まげて」お願いしたいときに使います。「**そこをなんとか**」と似た言葉です。

03

依頼

手伝ってください
↓
お力をお貸しください
手をお貸しください

人に助けや配慮を求めたいときには「お願いします」と言いますが、「お願いします」ばかりだと、言葉を知らない人のように見られそうですし、お願いする物事によって、言い換えたいこともあるでしょう。

仕事などで上司や同僚の助けがほしいときの表現に「お力をお貸しください(お力をお借りしたく…)」があります。相手の力を借りたいとき、「助けてください」「手伝ってください」ですと、少し命令口調にも聞こえますが、「お借りしたい」「お貸しください」と言うことで、**相手を立てて、お願いするフレーズ**となります。

一方、手伝ってもらうときには「手をお貸しください(手をお借りしたく…)」です。ここでの「手」には労力という意味があります。

もっと言い換え！

お力添えください

仕事などを手助けしてほしい場面では「お力添えください」「お力添えをいただけますか」などが用いられます。力添えは、文字通り「力を添える」で、他人を助けることです。

お骨折りいただけますでしょうか

「骨折り」は、何かを成し遂げるための苦労を表します。痛ましいとか悲しいといった暗い感じがないときに使われます。

ちなみに「骨折り損」は、努力したことが無駄になること。「**骨折り損の草臥儲け**」は、「労力を使ったのに効果がなくて疲れただけ」を表す慣用句であり、「骨を折ったけど、くたびれた分の儲けがあった」という理解は間違いです。ちなみに、「草臥」は中国の古典『詩経』に「草臥」（疲れて草に臥す）という言葉から来ています。

肩をお貸しください

「肩を貸す」は、物をかつぐ行為を手助けすることから、転じて**援助や手助けすることを表す慣用句**。実力が上の人が下位の人の練習相手になる意味の「胸を貸す」の意味で使うのは誤りです。
例文） 新人のA君に肩を貸した。

知恵をお貸しください（知恵をお借りしたく…）

アイデアなどを出してもらいたいときには「知恵をお貸しください（知恵をお借りしたく…）」が適当です。
例文） 先輩のお知恵をお借りしたいのですが…。

助太刀を頼む

「助太刀」は、果たし合いや敵討ちなどで加勢することから、転じて**人に助力、加勢すること**を意味します。「助太刀をお願いします」などと表現します。「助っ人」と同じような意味で使われます。
例文）試合のメンバーが集まらないので助太刀をお願いします。

後ろ盾になっていただきたく…

「後ろ盾」は、陰にあって助けたり守ったりするというニュアンスで使う言葉です。ある程度の地位にある人に、後ろから援助をお願いするとき、「後ろ盾になっていただきたく」などと使います。
例文）今回のプロジェクトは、部長に後ろ盾になっていただきたく、お願いいたします。

フォローをお願いします　サポートをお願いします

「フォロー」は、仕事などで失敗しないように援助することであり、失敗を補うという意味もあります。**「サポートしてください」**は支えてほしいとき、後援してほしいときなどに使います。
例文）初めての大役ですので、皆様のフォローをお願いします。

てこ入れをお願いします

「てこ」は重いものなどを持ち上げるために使う道具。**現状がうまくいっておらず**、助力や援助を求めるときに使います。
例文）収益が上がらない事業のてこ入れをする。

依頼

知っておいてください
↓
お含みおきください

相手にここは知っておいてほしいということ、たとえば、事前に伝えたスケジュールが必ずしもその通りにならなかったり、物事を進めるにあたって条件がついていることなど、トラブルをなくすために、あらかじめ相手に知っておいてほしいことがあります。

その場合、「知っておいてください」「ご承知おきください」だと、一方的に命令されているようにも聞こえ、目上の人や、お客様などには使えません。

そこで、「お含みおきください」というフレーズはどうでしょうか。

「含む」は、思いや感情などを心に持つことであり、命令や意志などを守ろうとして心に留めるという意味があります。したがって、「お含みおきください」で、「**心に留めておいてください**」と相手にお願いする表現になります。

たとえば、「**商品の発送は、お正月期間が明けてからになりますことをお含みおきください**」などとすると、丁寧に理解を求める印象が生まれます。

もっと言い換え！

事情を察してください→ご賢察くださいますよう

　「賢察」は、相手を敬って、推察することを指します。理由を明確に言うのははばかられるけれど、こちらの事情を察して対応してほしい、というときに使います。たとえば、やむをえない事情から仕事が遅れているときなどは、**「事情ご賢察の上、ご猶予をいただけましたら幸いです」**などと使います。

　「事情を察してください」ですと、ストレート過ぎて相手の気分を害しかねませんが、「ご賢察」には「賢い」という言葉が入っていることから、相手を慮った表現であることがわかりますね。

　この言葉はうまくお断りするときにも使われます。たとえば、何かの仕事を依頼されたときに、**「事情ご賢察の上、ご容赦いただけましたら幸いです」**などと言えば、「今は依頼を受けられないんだな」というニュアンスが伝わりますね。

　なお、逆に**「お察しします」**と言えば、相手の窮状を理解していることをソフトに伝えることができます。

高察

　賢察の類義語です。「高」がついて、優れた推察を表しますので、これも**相手を敬う言葉**です。『将門記』（940年ごろ）に「伏して高察を賜はば恩々幸々なり」とあるのが初出とされます。

忖度(そんたく)

仕事を進める上で、上司や関係者の意見・心情を汲み取りながら、進める必要があることもあります。**相手の意向を汲み取ること**を「忖度」と言います。

「忖」は、心を表すりっしんべんに、「脈をはかる」という意味を持つ「寸」がついた文字であり、脈をはかるように他人の心をはかるという意味があります。

一方、「度」の語源は「ものさしを使ってはかる」という意味があります。「忖」「度」どちらも「はかる」という意味だと知ると、忖度という言葉にリアリティが生まれますね。

「口利き」か「忖度」かという問題がありましたが、「口利き」は便宜(べんぎ)をはかってもらうこと、「忖度」は相手の本音を推し量ろうとすることです。「忖度」自体が悪いことのようなイメージを持った方もいるかもしれませんが、実際には、ただそれだけの意味なのです。

ご斟酌(しんしゃく)ください　お汲み取りください

「斟」はひしゃくで汲み上げる意味で、斟酌はもともと酒や水の分量をはかって汲み分けることが語源です。「斟酌」も「汲み取る」に似た言葉になります。どちらも**「事情を推し量って考慮してほしい」**というニュアンスを伝えます。

05

依頼

見ておいてください
↓
お目通しのほどお願いします

仕事で上司や取引先に書類などをチェックしてほしいとき、シンプルに「ご一読ください」と言うのもOKですが、「お手すきの折にお目通しのほどお願いします」などの丁寧な表現を覚えておくと印象がよくなります。「目通し」は、文字通り目を通すこと、一通り見ることです。

もっと言い換え！

ご高覧ください（尊敬語）

よりかしこまった表現としては「ご高覧ください」があります。「高覧」は、相手を敬って、その人が見ることを指す尊敬語です。「ご高覧賜りますようお願い申し上げます」などと用います。
例文）ご高覧いただければ幸いです。

ご査収ください（届きましたら確認をお願いします）

ビジネスメールなどでよく使われる言い回しの一つが「ご査収ください」「よろしくご査収のほどお願いします」。「査収」は、金額、品物、書類などをよく調べて受け取ること。「**確認の上お受け取りください**」といった意味合いで使われる表現です。
例文）請求書をお送りしましたので、ご査収ください。

ご検収ください(納品後確認してください)

「ご検収ください」は、納品された品物が注文通りか、規格に合っているかを調べて受け取ることを表します。つまり「**品物を検品してほしい**」というニュアンスを伝える表現です。

例文) お送りした製品について、ご検収ください。

ご精査ください(しっかり調べてください)

詳しく調べること、精密な調査、という意味の「精査」を用いた「ご精査ください」という表現は、「**精密に調べてください**」というニュアンスが強まります。

例文) 報告書を、ご精査ください。

ご笑覧　ご観覧ください

「笑覧」は、見てもらうことを**へりくだって言う言葉**であり、「粗末なもので恥ずかしいのですが」という感情を込めます。自分の作品や仕事などについて使い、けっして「楽しいから見てください」というアピールではありません。また、改まった場所では適さないこともあるので注意しましょう。

ご観覧はイベントなどを観てもらうときに使います。

例文) 私の作品ですが、ご笑覧ください。

依頼

自分のことを覚えておいてください
↓
お見知りおきください

　相手に自分のことを印象付けたいのは、やまやまですが、だからといって「覚えておいてください」は、なれなれしい感じがします。

　「お見知りおきください」は、相手が「自分を見知ること」を敬う表現で、「初めまして○○です。どうぞお見知りおきください」のように**初対面の挨拶として使います**。「これを機に、自分のことをご記憶くださいね」といったニュアンスで使われます。

　なお「見知る」は、『古事記』(712)に「太后、其の玉釧を見知たまひて」とあるように、古い言葉です。ここに出てくる玉釧とは、玉をつないでつくった腕輪のことです。

第3章

「言いづらいことを言い換える」語彙力ノート

01

気持ちを添えて断る

当日は都合がつきません
↓
当日はあいにく都合がつきません

誘われたけど、都合があって断らざるをえない。そんなとき断りの意思をマイルドに表現するフレーズを身につけておきたいものです。

単に「当日は都合がつきません」よりは「当日はあいにく都合がつきません」のほうが、「**意に沿えなくてすみません**」という気持ちが伝わります。

「あいにく(生憎)」は、「あやにく」が変化した言葉。「あや」は感動詞、「にく」は「憎し」の語幹とするのが通説であり、「ああ憎らしい」というのが語源。期待に外れて、具合が悪いこと、の意味で使われます。『東海道中膝栗毛』(1802〜1814) に「あやにく、しょぼしょぼ雨がふり出したはなさけない」とあります。雨が降り出して残念な気持ちが伝わりますね。近世末から明治にかけ「あいにく」が併用されるようになり、大正時代以降に「あいにく」が一般的に使われるようになりました。

もっと言い換え!

残念ながら(心残りがあるけどできません)

残念な思いがあとに残ること。「当日は残念ながら都合がつきません」と言うと、物足りない、心残りがあるという気持ちが、より伝わりやすくなります。
例文) 当日は残念ながら都合がつきません。

運悪く（自分ではどうにもならない理由なんです）

運は人の力ではどうにもならない作用。「当日は運悪く都合がつきません」は、「自分ではどうにもならない巡り合わせで都合がつきません」という意味になります。
例文） 当日は運悪く都合がつきません。

折悪しく（タイミングが悪くて）

時機が悪いこと、都合が悪いことの意味。タイミングが悪いということが伝わります。
例文） 折悪しく、外せない用事が入ってしまいまして

せっかくですが（貴重な機会で行きたいのに……）

「せっかく（折角）」は大事なこと、特別であること、気をつけなければならないこと。「せっかくの機会ですが」と言うと、「**貴重な機会なのに惜しいです**」というニュアンスが出ます。
例文） せっかくですが、参加できません。

02 理由をぼやかして断る

残念ですが、おうかがいできません
↓
よんどころない急用ができまして

「よんどころ」は、「拠り所」が変化した言葉で、「拠り所がない」から転じて、「そうするよりほかに方法がない」を意味する言葉になりました。

急な誘いを受けたときなど、体のよい断りフレーズとして「よんどころない事情で、お先に失礼いたします」「よんどころない事情で会議を欠席いたします」といった使い方をします。

具体的な理由は言わないまま、断るのもやむをえないと思わせることができる言葉です。

もっと言い換え！

差し支えがありまして

同様に、**具体的な理由は明確にしないまま**断るときに、「急な差し支えがありまして、出席できません」などと言います。差し支えは、都合の悪い事情、差し障りのことです。
例文）来週は差し支えがあってお目にかかることができません。

手がふさがっていまして

あることをしている最中で、**ほかのことをする余裕がない**という理由で断るための決まり文句です。多忙で急な仕事を断るときなどに、「これ以上余裕がない」というニュアンスを伝えることができます。

例文）あいにく提案書の作成で手がふさがっています。

ない袖は振れません

助けを求められたものの、どうしても力になることができない…。そんなシチュエーションで口にするフレーズです。

袖のない着物では、袖を振りたくても振りようがないことから、実際に持っていないので出したくても出せないことを意味する慣用句です。特に、**金銭や資力について言及するとき**に使われます。

「ない袖は振れない」は、考えや意見などを求められたときにはふさわしい言葉とは言えません。「部長は毎回斬新なアイデアを出せと言うけど、ない袖は振れないよ」などと言うのは間違いです。

例文）援助したいのはやまやまですが、ない袖は振れません。

03

できないから断る

絶対無理です
⬇
私には荷が勝ちます

世の中は「できないものはできない」「嫌なものは嫌」などとすっぱり断り切れることばかりではありません。極力、角が立たないように断りたいときに使うのが「私には荷が勝ちます」というフレーズです。これは、自分の能力と比べて責任や負担が重過ぎることを伝える言葉であり、その負担の解消を求めるメッセージともなります。

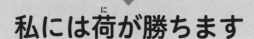

ご容赦ください

〈人間関係〉

相手の要求を拒否する婉曲表現としては「ご容赦ください」もよく使われます。「朝4時におうかがいしたいのですが」「それはご容赦ください」などと言います。「容赦」には、「許す」という意味があり「お許しください」と**下手に出つつ断りの気持ちを伝える**わけですね。さらに「平に」がつくと、切実な気持ちが伝わります。
例文）平にご容赦ください。

おあいにくさま

相手の期待に沿えないときには「おあいにくさまですが、本日の業務は終了いたしました」などと言います。皮肉の気持ちを込めて言う言葉でもあるので、**使い方には注意**したいものです。
例文)「車に乗せてください」「おあいにくさま、今日は電車で来たんです」

ご寛恕いただきたくお願い申し上げます

「寛恕」は、心が広く、思いやりのあること。また、広い心で誤りなどをとがめだてせず許すこと。「**どうかお許しください**」というニュアンスで「ご寛恕いただきたくお願い申し上げます」などと伝えます。二重敬語ですが、このような形で使われることがよくあります。主に手紙などの文書で使われます。
例文) ご寛恕賜りますようお願い申し上げます。

04 断る

～できません
↓
～しかねます

相手の要望に応えられそうにないとき、「～できません」と言うと、相手の心証はよくないでしょう。接客業界では、お客様に対して「否定」の言葉は使わないというルールを持つところもあるようです。人によっては「検討もしないで、ただできないと言われた」と、憤慨される可能性もあります。

「できない」こと、断りたいことをやわらかく伝える表現に「～しかねます」があります。「しかねる」は「為兼ねる・仕兼ねる」と書き、できかねること、するのが難しいことを表します。

ご希望に沿えず恐縮でございますが、～しかねますなどと言うと、お詫びの気持ちを込めることができます。

ただし、相手の要望をきっぱり断る必要もあるでしょう。そのニュアンスを伝えるときには、「大変申し訳ないのですが、お断りいたします」と、相手を尊重しながらも、はっきりとした言葉を使います。

もっと言い換え！

いたしかねます

「～しかねます」と同意で、より丁寧な言い方です。
例文） こちらでは保障はいたしかねます。

難しいです

　何らかの支障があって実現が簡単でないこと。遠回しに断るときにも使います。

例文） その納期で仕上げるのは、難しいですね。

～は困難です　～至難です

　「困難」は障害があって成し遂げるのが簡単ではないという意味、「至難」はこの上なく困難であるときに使います。「難しいです」よりも**やや硬い**言葉遣いです。「**至難の業（わざ）**」という表現もよく使われます。

例文） そのプランは実現が困難です。

大変申し訳ないのですが～いたしかねます

05

断る

苦手なので、勘弁してください
↓
不調法(ぶちょうほう)なものので、勘弁してください

　上司などから好きでもないお酒を飲まされそうなとき、苦手なカラオケを強要されそうになったとき、「苦手です」「嫌です」「飲みません」「歌いません」とストレートに答えると角が立つことも。**「不調法で申し訳ございません」「何しろ不調法なもので…」**と伝えることで、飲めないのは自分の責任であるという意図が伝わり、拒絶感がやわらぎます。

　「不調法（無調法）」は、行き届かないこと、つたないこと、下手なことなどを表す言葉。過失、しくじり、不始末という意味もありますが、一方で、お酒や煙草をたしなまないこと、芸事ができないこと、遊びごとにうといことをへりくだって伝える言葉でもあります。
　室町末期から近世初めに書かれた狂言にもすでに使われている言葉です。

言いづらいことを切り出す

（目下の自分から言いづらい…）
↓
僭越ながら申し上げます

目上の人に対して恐縮しながらも意見を言うとき、クッション言葉として使います。「僭越」は、身分や分際を超えて出過ぎたことをすること。自分の行為を謙遜するニュアンスです。

もっと言い換え！

出過ぎたことを言うようですが

まさに出過ぎていることを直接的に口にして恐縮する表現です。余計な口出しをする、出しゃばって言う、という意味では「<u>差し出口を申しますが…</u>」も使われます。
例文） 出過ぎたことを言うようですが、今回の件は〜

はばかりながら

「恐れ多いことですが」「生意気な口を聞くようですが」というニュアンスが強く出ます。キリスト教の宣教師として来日したロドリゲス（1561〜1634）が日本語習得を目的として著した『日本大文典』に「Fabacari（ハバカリ）nagara（ナガラ）ゴイケン マウシタイ コトガ アル」と記述があるのが面白いですね。
例文） はばかりながら意見を言わせていただきます。

07 反論

それを責めるのは間違いでしょう
↓
それはお門違いではないでしょうか

まったく見当違いの意見を指摘するときなどに使われる言葉として「それはお門違いではないでしょうか」があります。

「お門違い」は、そもそも間違った家を訪問するという意味から、目指す相手を間違えるとか、目指す方向を間違えていることを指します。

たとえば、まったく自分のせいではないのに、自分の責任にされそうなときなど、「それは違います」と言うよりも、責任を問う方向が違うということで、「それはお門違いでしょう」と言うほうが、ソフトに聞こえます。

「見当違い」「見当はずれ」なども同様に使います。

また**「お門が違う」**という慣用表現は、専門が違うという意味でも使います。

もっと言い換え！

筋違い

「お門違い」に置き換えて使える言葉ですが、道理から外れている、相手や手続きを取り違えているという意味があります。方向ではなく、**物事の筋や手続き**の違いです。
例文）彼女に頼むのは筋違いだ。

場違い

その場所や場面にふさわしくないことを表します。
例文) 場違いの服装

無理筋（むりすじ）

理屈に合わない、**強引な手法**であることを指摘する場合「無理筋ではないでしょうか」という表現があります。囲碁や将棋などで、無理な指し手についても言います。
例文) その方法は無理筋でしょう。

牽強付会（けんきょうふかい）

道理に合わないことを、都合のよいようにこじつけることを示します。「牽強」「付会」ともに、道理に合わないことをこじつけることの意味があります。
例文) 彼の反論は牽強付会だ。

承服いたしかねます（しょうふく）

「承服」は承知して従うこと。納得できないときに「**承服いたしかねます**」と言うと、丁寧ながら拒否の意思を伝えられます。
例文) これは承服いたしかねる条件ですね。

08 謝罪

私のミスです
↓
私の不手際（ふてぎわ）です

「不手際」は、手際が悪いこと、物事の処理の方法や結果が悪いこと。**「私の不手際でご迷惑をおかけして申し訳ございません」「私の不手際で回答が遅れました。申し訳ございません」**などと謝罪するときに使います。

「過失、過ち」を意味する言い換え語には「**落ち度**」もあります。「それは私の落ち度です。申し訳ありません」などと、自分のミスを認めて謝ることを口にするフレーズです。「**私の落ち度でお客様をお待たせしてしまいました**」などと言います。

実は、この「落ち度」という言葉の語源は、律令制の時代に、関所破りの意味で使われた「越度（おっど）」です。そこから度（規則）を越える（破る）という意味で使われるようになり、さらに「過失」を意味するようになりました。「落ち度」の表記は江戸時代から見られるようになりましたが、明治期になって一般化しました。

「ミス」は悪い言葉ではないですが、「落ち度」「不手際」などの言葉はよりあらたまった印象があります。

もっと言い換え！

粗相（そそう）

「粗相」は**不注意から起きる失敗**のこと。また、作法や行儀を間違って相手に迷惑をかけたり気分を害したりする過ちを指すことが多い言葉です。「お客様に粗相をしてしまい、申し訳ございません」などと言います。なお、大小便をもらすという意味もあり、「うちの子どもが粗相をしました」などと使います。

例文） とんだ粗相をいたしました。申し訳ございません。

手違い

物事の手順や手続きを間違えること、段取りを誤ること。ミスを認めて謝罪するときに「こちらの処理に手違いがございました。申し訳ございません」のように言います。

例文） 手違いでご連絡が遅れました。申し訳ございません。

過誤（かご）

過誤は**過失**を意味する文章語。「過誤を犯して申し訳ございません」のように手紙文などで謝罪します。

例文） 先日の過誤を後悔しております。

09

謝罪

反省しています
↓
平(ひら)にご容赦(ようしゃ)ください

　仕事でミスをしたとき、上司や先輩から注意されたときは、素直に「申し訳ございません」「失礼いたしました」「大変ご迷惑をおかけしました」などと謝罪するのが基本です。

　お客様に対しても上記のフレーズで謝罪しますが、シチュエーションに応じて「今後は厳重に注意してまいります。今回は何とぞご容赦くださいますようお願い申し上げます」「平にご容赦ください」など、多少かしこまった言い回しを使えるようにしたいものです。容赦は、許すこと、「平に」は「切に」という意味であり、相手に許しを請う姿勢を示しながら謝罪の気持ちを伝えるわけですね。

もっと言い換え！

慙愧(ざんき)に堪えません

　失敗をしたことを深く恥じている気持ちを伝えたいときに使います。「慙愧（慚愧）」は、自分のことを反省して心から恥ずかしいと思うこと、恐縮すること。したがって、他人の行動については使いません。古くは「ざんぎ」といい、「慙」は自ら恥じること、「愧」は、人に向かってこれを表すことを意味します。
例文）このたびの不手際については誠に慙愧に堪えません。

不徳のいたすところです

「徳」は立派な行ないや品性、能力を意味しており、「不徳」は、その立派な行ないや能力が足りないこと。「いたす(致す)」はよくない結果を引き起こすことを言います。「不徳のいたすところです」は**自分の至らないせいで失敗や不都合が起きたことを反省する**ときの慣用句です。ただし、政治家や官僚が使うと、心のこもらない「謝罪のための謝罪」に聞こえてしまう言葉でもあります。
例文)今回の件は私の不徳のいたすところです。

お詫びの言葉もございません

取り返しのつかないようなミスをしたときに使うフレーズ。「言葉では謝罪しきれないくらいに反省しています」という気持ちが伝わりますが、軽々しく使うと、謝罪の気持ちを疑われかねないので要注意です。同様のフレーズに「**申し開きのできないことです**」があります。
例文)このたびの当方のミスにつきましてはお詫びの言葉もございません。申し開きのできないミスでございます。

面目ありません

「面目(めんぼく・めんもく)」は人に合わせる顔のこと。期待されていたのに、その期待を裏切り、物事がうまくいかずに合わせる顔がないというときに使います。
例文)ご期待に沿えず、面目ございません。

言いづらいことを言う

言い過ぎだよ
↓
口が過ぎるよ

　相手のよくないところを伝えたいとき、ストレートな言葉だと人間関係を悪くしてしまうかもしれません。そんなときも、ニュアンスを和らげる言葉があります。

　たとえば、余計なことまでべらべらと口にしてしまう人をたしなめたいときに「**ちょっとそれは口が過ぎるよ**」「**先輩に向かって口が過ぎるよ**」などと使います。「口」は、ものを言うという意味。饒舌な人ほど、ついつい遠慮すべきことまで口ばしってしまうものです。

　室町時代に漢字や漢語などの音や意味、用法を解説した『玉塵抄』(1563)に「女房は總じて口の過ぎて人ことを云い（女房は言葉が過ぎて、人のことを言う）」とあるのは興味深いですね。

　ちなみに、些細なことを大げさに触れ回る人、隣近所の噂をして歩く人を**「金棒引き」(鉄棒引き)**と言います。「金棒」は、鉄の輪がついているものもあり、夜回りでは、これを突き鳴らして回ることがありました。そこから、「金棒を突き鳴らすように、うわさを大げさに触れ歩く人」という意味が生まれました。

言いづらいことを言う

あの人とどうも合わないんだよね
↓
あの人とはしっくりこないんですよね

　世の中には、どうしても感覚や意見が合わない人、共感できない人がいるものです。だからといって、「あの人は合わない」と、ストレートに言ってしまうと角が立ちそうです。

　そんなときに使えるのが「あの人とはしっくりこないんですよね」という表現です。「しっくり」は、人の心などがよく合い、おさまりがよいことを表す言葉です。

もっと言い換え！

反りが合わない

　考え方や気質などが合わないことを示す表現。刀身の曲がっている部分である「反り」と、覆いの部分である「鞘」が合っていないために刀身をうまく収められないことから、**人間関係がしっくりいかない**ことをたとえています。
例文）課長とは反りが合わなくて、異動願いを出した。

性が合わない

　お互いの気が合わないことを表します。ここでの「性」は生来の性質を意味しています。
例文）そもそも二人は性が合わない。

12

言いづらいことを言う

一見立派に見えるけど、実際は違うよ
↓
砂上の楼閣だね

　外見は立派であるけれど、基礎がしっかりしていないことを「砂上の楼閣」と言います。楼閣は立派な建物のこと。砂の上に建てられたものは、土台がやわらかく、崩れやすいため、長続きしないこと、実現不可能なことを指します。「**あのプロジェクトは砂上の楼閣だ**」などと使います。

　なお、「机上の空論」と混同して「砂上の空論」「机上の楼閣」としないように注意してください。

もっと言い換え！

看板倒れ

　同様のニュアンスで使われる言葉に「看板倒れ」があります。看板だけが立派でも中身が伴っていないことを表しています。
例文） 全社を挙げた取り組みにもかかわらず看板倒れに終わりました。

羊頭狗肉
ようとうくにく

　表の看板には羊の頭をつるしておいて、実際には犬の肉を売ることである「羊頭を懸けて（掲げて）狗肉を売る」を略した言葉。看板ではよい品を宣伝しておいて、**実際には中身が一致しない**ものを売っていることをたとえる表現として使われるようになりました。
例文） A社の新製品は羊頭狗肉としか言いようがない。

有名無実

　「有名」は名前が立派なことであり、「無実」は実質が伴わないこと。**名前だけが先行している**というニュアンスがあります。
例文） その法律はもはや有名無実と化している。

見かけ倒し

　見かけはよくても、実質は劣っていることを言います。受け答えはきちんとできて、仕事ができそうに見えたのに、実際に仕事をさせてみたら、まったくできなかった、といったときなどに「彼には期待していたけど、見かけ倒しだった」などと使います。
例文） アルバイトの彼は見かけ倒しで役に立ちません。

13

言いづらいことを言う

中止になりました
↓
お蔵入りになりました

　計画などが中止になることを「お蔵入り」と言います。もともとは上演する予定の歌舞伎や狂言、映画などが上演取りやめになることを指しましたが、広く計画が実行に移されなくなることを表すようになりました。

　立ち上げたプロジェクトが結局日の目を見ずに、中止になったときなどに、「**そのプロジェクトは残念ながらお蔵入りとなりました**」と使います。

もっと言い換え！

ご破算にする

　それまでやってきたことを**すっかり破棄して白紙の状態に戻すこと**。「破算」は、そろばんで一つの計算が終わったとき、珠を払ってきれいな状態に戻すことです。次の計算に移るときに、数を読み上げる人が「ご破算で願いましては…」と言うことから来た言葉です。
例文） その計画はご破算にします。

お釈迦(しゃか)になる

　品物の出来が悪かったり壊れたりして**使えなくなった状況**を表現する言葉です。「お釈迦」は、出来損ないの品、壊れて役に立たなくなった品のこと。鋳物(いもの)職人の間で使われていた隠語で、阿弥陀仏(あみだぶつ)を鋳るつもりが釈迦を鋳たことからできたという説があります。

例文) 事故で車がお釈迦になった。

棒に振る

　今までの努力や苦労をすっかり無にしてしまうこと。「そんなことをしたら昇進を棒に振ることになるぞ」などと使います。商品を天秤棒にかついで売り歩くことを「棒手振り(ぼてふり)」と言い、その商品をすべて売り払うことが語源となったとされています。

例文) 会社のお金を横領した彼は、一生を棒に振った。

水の泡

　努力したことが無駄になること。「せっかくの私たちの努力が水の泡になった」などと言い、はかなく消え去るというニュアンスが出る言葉です。「水泡(すいほう)」という語を用いた「**水泡に帰(き)す**」という慣用句もあります。

例文) せっかくの努力が水泡に帰した。

14

言いづらいことを言う

あの人の言い方は不愉快だ　ウザい
↓
あの人の言い方は耳に当たる

　「ウザい」という言葉も若者言葉として定着しています。もともとは、わずらわしい、うっとうしいことを意味する「うざたい」という言葉が変化したものです。

　しかし、仲間内ならまだしも、そうでない場合は、せめて、きちんとした日本語に言い換えてもらいたいものです。

　「耳に当たる」は聞いて癪に障る、聞いて不愉快に思う、という意味です。耳に当たる悪口、言い方が耳に当たるなどと使います。

もっと言い換え！

慇懃無礼

　うわべは丁寧でも、実は横柄なものの言い方にイライラすることもあります。そんなときに使うのが「慇懃無礼」です。「慇懃」はとても丁寧なことであり、「無礼」は失礼なことです。
例文） 慇懃無礼なものの言い方はやめてほしい。

15

さりげなく自慢したい

(これを言うと自慢になってしまうな…)
⬇
手前味噌ですが

　ここは自慢をしたいけれど、普通に自慢をすると、嫌がられるのではないかと思われるときの便利な言葉が、「手前味噌ですが…」です。

　手前味噌は、自分で自分をほめること。もともとは「自家製の味噌」という意味で、特色のあるものというニュアンスだったものが、「誇るべき点」という意味合いでも使われるようになったと考えられます。

　ビジネスの場でも、自社の優れたところを伝えるときなどに、「**手前味噌ですが…**」などと前置きすることがありますね。

もっと言い換え！

自画自賛

　同じく、自分で自分をほめることを示す表現に「自画自賛」があります。「**我ながらよい成績を残せたと自画自賛しております**」などと言います。「賛（讃）」は、ほめたたえる文と、絵の横につける詩歌の意味です。太宰治（1909〜1948）の『作家の手帖』という作品に、「やたらに続けて唄うのである。私は奇妙に思った。まるで、自画自賛ではないか」との使用例があります。かつては「自画自讃」と書いていましたが、現在では常用漢字である「賛」を使うのが一般的です。へりくだりながら自慢するなら「自画自賛ですが〜」などと加えて話しはじめるのがよいでしょう。

例文） 自画自賛なのですが、社内コンクールで一番になりました。

腕に覚えがある

　自分の能力に自信があることを表す言葉。「覚え」とあることからも、かつて自分が身につけた技量などをずっと**体が覚えていて自信がある**というニュアンスで使います。「エクセルでしたら腕に覚えがありますから任せてください」などと言うと信頼感が高まりそうですね。

例文） 大工仕事なら腕に覚えがあります。

胸を張る

　自信を持つと、自然に胸が張ってきます。そこから自信に満ちた態度をとることを意味します。

例文） 胸を張ってお勧めできる商品です。

自負

　自分の才能や仕事が優れていると信じて誇ることを意味します。

例文） この仕事に関しては業界でもトップクラスだと自負しています。

第4章

「気持ちを伝える」語彙力ノート

01

喜ぶ

うれしく思います
↓
冥利(みょうり)に尽きます

　仕事でよいことがあったとき、上司からほめられたときなど「うれしい」気持ちを表す表現が「冥利に尽きます」。

　「冥利」はもともと仏教用語で、仏や菩薩が知らず知らずのうちに与える利益を意味し、「冥加(みょうが)の利益(りやく)」と言いました。そこから転じて、人がおのずと受ける恩恵という意味を持つようになったのです。「冥」は、あの世、目に見えない神仏の作用といった意味を持つ漢字です。

　「冥利」は、「冥利に尽きる」という慣用表現として使われ、**自分の身分や商売などによって受ける恩恵が、あまりにも多くてありがたい気持ち**を示します。

　ところで、冥利には「ある立場や境遇にあることで受ける恩恵」という意味もあり、立場や境遇を頭につけて「**技術者冥利に尽きます**」「**男冥利に尽きる**」などと言います。

　ちなみに「**冥加に尽きる**」は、神の加護から見放されることを指します。

もっと言い換え！

恐悦至極に存じます

「恐悦」は謹んで喜ぶことであり、「至極」はこの上もないこと。「極めて喜ばしい」というニュアンスの**かしこまった表現**です。谷崎潤一郎（1886～1965）の『鮫間』に「『だらしも何もあった話じゃありません』と、恐悦至極の体たらくに」という文例があります。
例文）このような賞をいただけるとは、恐悦至極に存じます。

快哉を叫びました

「快哉」は、「快なる哉」を音読みした言葉で、心から愉快だと思うことを表します。「快哉を叫ぶ」は、喜びの声を上げる、心から愉快だと思うことであり、「**思わず快哉を叫びました**」などと喜びを表現します。今風に言えば「思わずガッツポーズしました」といったところですね。
例文）日本記録の達成に思わず快哉を叫んだ。

天の配剤です

「天の配剤」は、直訳すると「天が行なう薬の調合」のこと。天がそれぞれにかなったものを配するということから、**あらゆる物事がうまくいく**という意味になった言葉です。思いがけずラッキーな展開で物事がうまくいったときなどに「まさに天の配剤です」「天の配剤としか言いようがありません」などと言います。
例文）こんなにうまくいくとは、まさに天の配剤です。

02

祝う

おめでとうございます
↓
慶賀にたえません

栄転や開店、開業をお祝いするスピーチを任された。そんなとき「おめでとうございます」「心よりお祝い申し上げます」以外に気の利いたお祝いのフレーズを言えるようにしたいものです。

キーワードは、めでたいこと、よろこびを意味する「慶」。

「慶賀」で喜び祝うことを示し、「たえません（堪えません）」で喜びを我慢できない、という気持ちを伝えます。

これをさらに強調する言葉として「**大慶至極**」があります。「大慶至極に存じます」などと使います。

もっと言い換え！

謹んでお慶び申し上げます

使いやすいのが「謹んでお慶び申し上げます」のフレーズです。「謹んで」は、うやうやしく、という意味があります。

誠にご同慶の至りです　誠に大慶に存じます

「同慶」は、相手の慶事に対し、自分も同じように喜ばしく思っていることを伝える言葉。「大慶」は、この上なくめでたいこと。少し格式張った場面や手紙文などで使います。

ほかにも、「**慶賀の至りに存じます**」といった言葉があります。

目上の人からの評価に対する感謝

ありがたい言葉に感謝します
↓
もったいないお言葉でございます

目上の人からほめられたり、評価されたりしたとき、感謝の気持ちを伝える表現に「もったいないお言葉でございます」「もったいないお言葉ですが、励みになります」などがあります。「もったいない」は、畏れ多い、ありがたいという意味の言葉です。「**私なんかに、もったいない」という謙遜の気持ち**が表れるフレーズですね。

もっと言い換え！

過分なお言葉でございます

「過分」の「分」は「分相応」という言葉もありますが、身に余ってありがたいことを示す言葉です。「**身に余るお言葉です**」という表現も使えますね。

例文） 過分なおほめにあずかり、恐悦至極です。

04

助けてもらった感謝

助けていただき
↓
ひとかたならぬご尽力をいただき

助けていただいたことへの御礼の気持ちを伝えるとき「**ひとかたならぬご尽力をいただき感謝申し上げます**」という表現を使うことがあります。「尽力」は、文字通り力を尽くすこと、骨を折ることを意味します。ちなみに「ひとかたならぬ」は、並々ならず、非常な、という意味の言葉。「尽力」で**相手の並々ならぬ働きに触れ、感謝の気持ちを伝える**フレーズです。

訪問への感謝

来てくれてありがとうございます
↓
ご足労おかけいたします

相手に来てもらったことに感謝する場合に使います。

「足労」は、足を疲れさせること、くたびれることの意味であり、本来なら自分から出向くべきところを、来てもらったり、行ってもらったりすることへの感謝を示す言葉です。

このとき、雨の日なら「**お足元の悪い中**、ご足労おかけいたしますが」、寒い日なら「**お寒い中〜**」、遠い場所なら「**遠いところ〜**」、相手が忙しければ「**お忙しいところ〜**」などと、相手を気遣う言葉を添えると、より感謝の気持ちが伝わります。バリエーションとして覚えておくとよいでしょう。

また、「**ご足労を煩わせてしまい恐縮です**」など、恐縮する気持ちを伝える表現もあります。

06 送ってくれたことへの感謝

お送りくださいましてありがとうございます
↓
ご恵贈(ご恵送)くださいまして、御礼申し上げます

　人から何か送ってもらったことを感謝したいときに「ご恵贈にあずかり、感謝申し上げます」「ご恵贈くださいまして、ありがとうございます」などと表現します。

　「恵贈」は、他人から金品や書籍などを贈られることを、贈る人を敬って使う言葉です。

　恵贈に似た言葉に「恵送」があり、こちらは送られてきたものに対して、「ご恵送の品、ありがたく頂戴いたしました」などと使います。**「恵贈」が贈られたもの一般に使えるのに対し「恵送」は送られてきたもの限定**です。

　いずれも、相手を高めるための言葉であり、「御礼の品を恵送いたします」などと自分の側が送るときに使うのは間違いです。

もっと言い換え!

恵与　恵投

　いずれも人から金品を送られるときに相手を敬って使う言葉です。いずれも「ご」をつけて使うのが普通です。
例文) ご恵与の品
この度は結構な品を御恵投いただき、誠にありがとうございました。

ごちそうになったとき

ごちそうになりました
↓
思わぬ散財をさせてしまいました

目上の人から、食事などをごちそうになったとき、メールや手紙で「ごちそうになりました」などと御礼の気持ちを伝えるのは基本のマナーです。

このとき、ただ「ごちそうになりました」だけでなく、「ご散財をおかけしました」として、相手の懐具合を気にかける言葉もあります。

「散財」は、金銭を消費すること、また無駄に費やすこと。「お金を使わせてしまいました」という側面にスポットをあて、「**散財をおかけいたしました**」「**思わぬ散財をおかけしてしまったようで、大変恐縮しております**」などと、へりくだった姿勢を表すわけです。

ただし、恐縮するだけでなく、感謝の気持ちとともに伝えることがポイントです。たとえば、「先日はごちそうになり、ありがとうございました。ご散財をおかけしてしまったようで、恐縮しております」と伝えるとよいでしょう。

一方、食事のおいしさを強調したい場合は、「**大変おいしくて、舌鼓を打ちました。ありがとうございます**」などとするとよいですね。手料理だったり、相手のお勧めのお店であったら、自分のセンスをほめられたように感じられると思います。

08

へりくだる

（へりくだって）普通のものですが
↓
月並みですが

　会議などで自分のアイデアを発言したいと思っても、自信がないときはあるものです。そんなとき、へりくだって「月並みな発想ですが…」などと表現してはどうでしょうか。

　「月並み」は、もともと伝統的な俳句の旧派を指す言葉。正岡子規を中心とする新派が旧派を排撃するために使いはじめましたが、そこから「平凡な俳句」を意味するようになり、さらに転じて「**平凡で新鮮みのないこと**」を示すようになりました。

　夏目漱石の『吾輩は猫である』に「そんな月並を食ひにわざわざここ迄来やしないと仰しゃるんで」という表現があります。正岡子規と親友だった漱石が「月並」を使っているところに面白みを感じますね。

もっと言い換え！

ありきたりですが

　「ありきたり」（在り来たり）は、今まで通りで少しも珍しくないこと。**その他大勢と大差なく、面白みが感じられない**、というニュアンスで使われます。
例文）ありきたりの挨拶かもしれませんが…

陳腐ですが

「陳腐」はありふれていてつまらないこと。「腐」という字が入っていますが、もとは古くなって腐ることを意味し、**古くさい、古めかしいというニュアンスも含まれます。**
例文） 陳腐なたとえで恐縮ですが…

凡俗ですが

「凡俗」は、ほかと変わりがないことを示すだけでなく、やや下等であるという意味も含まれるため、**へりくだりの度合いが強く**なる表現です。
例文） 凡俗な知恵ではございますが、

謹んでお受けします

大相撲の力士が大関や横綱に昇進したとき、伝達式の口上で「謹んでお受けします」というのが定番となっています。「謹んでお受けします」は依頼や仕事などを受けるときの敬語。「謹んで」は、「慎む」の連用形に助詞の「て」がついた「つつしみて」が変化した言葉で、相手の気持ちや立場を尊重し、ひたすらそれに応じる用意があるという気持ちを表します。仕事では特に昇進の内示を受けたときなどに「謹んでお受けします」と自然に言えるようになるとよいでしょう。続けて**「ご期待に沿えるように努力します」**といった言葉が出てくるとスマートですね。

09 残念に思う

残念です
↓
遺憾(いかん)に思います

仕事で思ったような結果を残せなかったとき、釈明する意図で使われるのが「遺憾に思います」という表現。「遺憾」は、室町時代につくられた日本の国語辞書の一種である『文明本節用集』にも掲載されている古い言葉です。ただ、政治家などが相手を非難するニュアンスで「誠に遺憾です」などと使うことが多いことから、手垢がついた表現ともいえます。

もっと言い換え！

惜しむらくは

「残念なことには」という意味で使われる言葉です。
例文) 惜しむらくは、このビジネスモデルに気づくのが半年遅かったということだ。

不本意ながら

釈明するニュアンスで残念な気持ちを表すとき、「**不本意な成績に終わりました**」といった言葉もあります。「不本意」は、自分の望むところでないことです。
例文) 不本意ながらプロジェクトを断念します。

10 マイナスの気持ち

やりたくないなあ
↓
気が乗らないんですよね

あることに興味を感じないこと、気持ちが向かないことを「気が乗らない」「気乗りがしない」「気乗り薄」などと言います。

何かを積極的にする気持ちになることを「気乗り」と言いますが、その反対です。**「その仕事にはどうにも気乗りがしないんだよね」**などと使います。

> もっと言い換え！

腰が重い

興味がないというより、**無精で気軽に行動しない様**を表す言葉です。面倒がってまったく腰を上げようとしないことを指して言い、逆に気軽に動く様を「腰が軽い」と言います。
例文） 腰が重くて出かける気持ちにならない。

及び腰

消極的ではないものの、**自信のなさそうな中途半端な態度**をとることを「及び腰になる」と言います。中腰になって手を前に突き出す不安定な姿勢を、どうしたらよいのか確信が持てずにいる様子に見立てた表現です。
例文） そうやって及び腰だから問題を解決できないんだ。

11 マイナスの気持ち

もやもやとしてすっきりしない
↓
しこりが残る

しこりは、物事を解決した後でもまだ残っている、すっきりしない気分や感情のわだかまりを表します。「企画は採用となりましたが、役員の大反対もあり**しこりが残りました**」などと言います。ちなみに漢字では「凝り・痼り」と書き、「凝り」は水が氷るという意味、「痼り」は、「やまいだれ＋固」ですから、なかなか治らない病気という意味がもとになっています。

もっと言い換え！

寝覚めが悪い

過去のある行為が反省されて心が安まらないというニュアンスの慣用句です。
例文） 自分が失敗の原因をつくったようで寝覚めが悪い。

禍根（かこん）

「わだかまり」よりも**ニュアンスが強い言葉**。災いの起こるもとという意味である「禍根」を使った表現が「禍根を残す」です。
例文） あの決断は、将来に禍根を残すことになるでしょう。

いたわる

大変（つらい）ですね
↓
ご心痛のほどお察しいたします

「大変ですね」という言葉も使いがちですが、それだけではありきたりで、どこかそっけない気もします。

大変な状況の相手をいたわりたいなら、「心痛」という言葉があります。

「心痛」は**心を痛めること、ひどく心配すること**。心が痛くなるほどの強い思いを指します。

手紙などの書き言葉で「ご心痛のほどお察しいたします」とすると、つらい状態にある相手をいたわる言葉となります。

「心痛」と似た言葉に「**心労**」もあります。こちらは、困難な問題に長くかかわっているときに使われます。「心労のあまり倒れた」などという言葉を聞いたこともあるのではないでしょうか。

もっと言い換え！

ご案じ申し上げます

「ご案じ申し上げます」は、**心配している気持ち**を伝える表現。「案じる」には、物事の成り行きなどをあれこれと心配するという意味があります。

13 あきれる

ひどい
↓
開いた口がふさがらない

　政治家の失言や部下・後輩のとんでもないミスなどに、あきれた気持ちを言い表す言葉の一つが「あきれてものが言えない」。「呆れる」は、途方に暮れるという意味もありますが、ここでは、**あまりにもひどいのに驚く**という意味です。現代語では、軽蔑や非難のニュアンスが出ます。

　同様に、あきれたことを強調する言葉が「**呆れかえった**」です。

　あきれてものが言えなくなると、口がぽかんと開いたままになることがあります。この動作を表した慣用句が「開いた口がふさがらない」です。「**あまりの初歩的なミスに開いた口がふさがらなかった**」などと言います。

もっと言い換え！

二の句が継げない

　驚きあきれて、口が開いたまま次の言葉が出てこない様を表したフレーズです。「二の句」は二番目に言う言葉ですね。「告げない」と書くのは誤りです。
例文) あまりにひどい話で二の句が継げない。

言語道断だ
ごんごどうだん

言葉では述べられないほどひどいこと。もともとは、仏教における根本的な真理が、奥深くて言葉では言い表せないことを意味していましたが、そこから転じて「とんでもない」という意味が生じるようになりました。
例文) 会議中にスマホでゲームなんて言語道断だ!

もってのほかです

とんでもないこと。**常軌を外れてひどい**ことを表します。
例文) 勝手に休むなんてもってのほかだ。

度しがたい
ど

道理を言い聞かせてもわからせようがない様、**救いがたい**ことを意味します。「度す」は「済度する」、つまり仏が衆生を救うという意味がもとになっています。「**縁なき衆生は度しがたし**」という慣用句は、仏縁のない者は救いがたいということから転じて、人の忠告を聞こうとしない者は救いようがないという意味で使われます。
例文) 何を言ってもわかってくれない、度しがたい人。

状況

そのままにしておけない
↓
看過(かんか)できない

「看過できない」は、大目に見ること、見過ごすことができないという意味で使われる言葉です。「**彼らの窮状(きゅうじょう)は看過できない**」「**この問題を看過することはできない**」などと言いますが、少し硬い表現です。

もっと言い換え！

黙認できない

「黙認」は、知らぬふりで許可すること。「黙認できない」は、黙って認めることができない、**知らないふりをして見逃すことができない**という意味になります。
例文） 今回は彼の遅刻を黙認するわけにはいかない。

勘弁ならない

「勘弁」は、過失を許すという意味もあり、他人の過ちや要求を許すことができないときには「**勘弁ならない**」という言葉も使われます。やわらかく断るときも、許してもらうというニュアンスから「**勘弁してください**」と言います。
例文） これ以上のミスは勘弁ならない。

納得できない

納得できない
↓
潔(いさぎよ)しとしない

　納得できない気持ちを表現する慣用句に「潔しとしない(せず)」があります。あることを自分の考えや信念に照らして好ましいと思わない、不満に感じていることを表明する言葉です。

　芥川龍之介(1892～1927)の『侏儒(しゅじゅ)の言葉』に「自由とは(中略)連帯責任を負ふことを潔しとしないものである」という文章があります。「彼は人に頼ることを潔しとしない」などと使えば、「人に頼らず自分でやる」という信念を持っていることになります。

甘んじるわけにはいかない

　「甘んじる」は、与えられたものをよしとして、仕方のないものと受け止めること。否定形の語句をともなうことで、大人しく受け入れないという意志を伝えます。
例文) 現状に甘んじるわけにはいかない。

16

プラスの気持ち

ラッキーだったよ
↓
もっけの幸いでした

「もっけの幸い」は、想像もしなかったことが幸福をもたらすこと。つまり、ラッキーであることを表した言葉です。
「勿怪」とは、めったにないことを表し、そこから、ありがたいことという意味になりました。「物怪」(もののけ、もっけ)と間違えないようにしてください。

「あんなところでほしかったものが見つかるなんて、もっけの幸いだ」などと、本人にとっての「意外さ」が伝わる言葉です。

もっと言い換え！

棚からぼた餅　たなぼた

思いもかけない幸運、労せずに幸運を得ることをたとえてよく使われるのが「棚からぼた餅」という慣用句。「**たなぼた**」「**たなぼた式**」とも言いますね。棚から落ちてきたぼた餅がちょうど開いていた口の中に収まったことから生まれたとされます。
例文)自分は何もしていないのに、たなぼた式で儲かった。

ツキが回る

巡り合わせがよいことを意味します。
例文)何度も失敗したけど、やっとツキが回ってきたようです。

第5章

メール・口グセで自分を下げない「同じ言葉の繰り返しをなくす」語彙力ノート

01

繰り返しをなくす

「考えます」を言い換える

　「考えます」は、メールや文章においても、「これは○○と考えられますので、私は○○と考えます」などと、つなげて使いやすい言葉です。ただ、同じ言葉ばかり繰り返していると、「言葉を知らない人」と思われてしまいますよ。

　「考える」は、もともと、「いくつかの物事をひきくらべて調べる」「罪を問いただす」「易によって吉凶を占う」という意味がありましたが、現在では、**物事を筋道立てて思いはかるなど、頭の中で思考をめぐらすこと全般**の意味で使われています。「思う」が少し主観的であるのに比べ、客観的に頭を働かせることを意味します。

もっと言い換え！

〈いろいろと調べて考えている〉

検討する

　よく調べること、吟味することという意味があります。**何かの物事について調べて考えているなら、「検討する」**が使えます。
例文）ご依頼の件について、現在、考えております。
　→ご依頼の件について、現在、検討しております。

考慮する

様々な要素を合わせて考えること、ある特定の要素を、検討に含めることを指します。「 慮 る(おもんぱか)」も類似する言葉ですが、周囲の状況や後々のことに目を向けて、思いをめぐらすことを指します。
例文） 今までの経歴も考慮して結論を出すべきだ。
　　　　相手の立場を慮って決断した。

吟味(ぎんみ)する

こちらも物事をよく調べる、念入りに調査して選ぶことを指します。もともとは、詩歌などの趣を味わうという意味の言葉でしたが、今は、「材料を吟味する」のように、**精査して必要なものを選ぶ**ときにも使われます。
例文） 内容をよく考えて提案するように。
　　→内容を吟味して提案するように。

〈物事を筋道立てて考える〉

判断する

物事の状況、これからどうなるのか、そして、今どうすべきなのかなどを、**論理的・直感的に考えて決めること**。漠然と考えるのではなく、「考えて決めた」というニュアンスがあります。
例文） 今は、折衷案を出すことが大事だと考えました。
　　→今は、折衷案を出すことが大事だと判断しました。

考察する

よく調べ、道理を考えて物事を明らかにすること。
例文） 日本の社会システムについて考える。
　　→日本の社会システムについて考察する。

分析する

「分」という文字が入っていることからわかるように、複雑な物事を切り分けて要素などを明らかにすることを指す言葉です。「考える」の類語ではありませんが、「考えています」と言いつつ、実態は**データ等を見て調べているのだったら、「分析している」を使ったほうが相手に状況が伝わります。**
例文） 今、原因を考えています。
　　→今、原因を分析しています。

〈アイデアを考える〉

企画する

事業やイベントなどの計画を立てることがもともとの意味です。**アイデアの内容だけでなく、その実現のためのプランを含みます。**
例文） イベントの開催を考える。
　　→イベントを企画する。

構想する

考えを組み立て、まとめること。本来は芸術作品について使う言葉です。
例文） 小説家が次回作を考える。
　→小説家が次回作を構想する。

知恵を絞る

あれこれと考えて、最善の方法を見出そうと努力すること。目標に向かっての懸命さを感じさせる言葉です。
例文） みんなであれこれと考えて出した結論です。
　→みんなで知恵を絞って出した結論です。

頭を絞る

できる限り頭を働かせて考えること。頭をぎゅっとしぼって無理にでもアイデアを引き出そうとするユニークなイメージが伝わる言葉です。
例文） 頑張って考えてアイデアを出そう。
　→頭を絞ってアイデアを出そう。

〈未来のことを考える〉

推測する

事実や状況に基づく**想像によって判断すること**。あくまで「多分こうであろう」と考えることです。「推測の域を出ない」という言葉もあるように、事実とは違うことに注意が必要です。
例文） 彼の話から考えると
　　　→彼の話から推測すると

想定する

仮にある条件を考え、定めることを指します。
例文） 震度6の地震がくることを考えて訓練する。
　　　→震度6の地震がくることを想定して訓練する。

見込む

あらかじめ計算に入れておくことを指します。
例文） 当日欠席者が出ることを考えておこう。
　　　→当日欠席者が出ることを見込んでおこう。

〈反省する〉

省察（しょうさつ　せいさつ）

反省して、よしあしを考えることです。
例文） 自分の行ないを考え直す。
　　　→自分の行ないを省察する。

〈見当をつける〉

睨む

見当をつける、前もって考慮に入れることを指します。
例文）彼が真相を知っているのではないかと考えている。
→彼が真相を知っているのではないかと睨んでいる。

見る

見たことによって判断することを指します。
例文）事故の原因は、飲酒運転だと考えている。
→事故の原因は、飲酒運転だと見ている。

〈よく考える〉

熟慮する

十分に考えをめぐらすこと。似た意味の「熟考」と同様に、「十分熟れるまでの時間」というニュアンスが入ります。「考慮」と似ていますが、もとは「熟考熟慮」という言葉が分かれたものです。
例文）その問題についてじっくり考えましたが、
→その問題については熟慮しましたが、

沈思黙考する

黙って深く物事を考えること。「沈思」は深く考えること、「黙考」は黙って考えること。静かに思索にふけっている様が想像されます。
例文）一人で真剣に考えてみます。
→一人で沈思黙考してみます。

02

繰り返しをなくす

「思う」を言い換える

「考える」は筋道を立てて客観的に判断することで、その過程に重きが置かれます。一方、「思う」は、物事を理解したり、感受したりするために心を動かすこと。その思考や感情の具体的な内容に重きが置かれ、主観的、感情的な要素が入ります。要は、**個人的・主観的な事柄の場合は「思う」、筋道立てて論理的客観的に頭を動かしているときは「考える」**としてよいでしょう。

理解する

物事の道理を正しく判断すること。「わかる」というよりも、**より納得したニュアンス**があります。
例文） こういうことだと思っています。
　　→こういうことだと理解しています。

信じる　信じ込む

物事を本当だと思うこと。信頼・信用していること。「思う」よりも**確からしさが強い**ときに使えます。
例文） Aさんは必ずやり遂げると思っている。
　　→Aさんは必ずやり遂げると信じている。

決心する　決意する

心を決めること。重大な事柄について自分の考えをはっきり決めること。「思う」よりも**強い意志が表れる**言葉です。
例文）必ず、海外で資格をとって戻ってこようと思っている。
　→必ず、海外で資格をとって戻ってこようと決心している。

存じます　存じ上げます

知っていること、承知していること、思っていることの**謙譲語**です。目上の人に対してはこちらを使います。
例文）この商品は御社のお役に立てると考えています。
　→この商品は御社のお役に立てると存じております。

回想する

過ぎ去ったことを思い起こすこと。「思い出す」と同意です。
例文）学生時代のことをあれこれと思っていた。
　→学生時代のことを回想していた。

追想する

過去の出来事や去った人たちを思いしのぶこと。「回想」よりも、**より過去を懐かしむ気持ち**がうかがわれる言葉です。
例文）高校時代の恩師のことを思っていた。
　→高校時代の恩師を追想していた。

〈そうしたいと思う〉

志す

ある目標を目指すこと、そこを目指して行動することを指します。
例文）サッカー選手になりたいと思っている。
　　→サッカー選手を志す。

願う

心の中で、**何かの実現や獲得を求める**こと。上位の者に希望したり、誰かに助けをお願いしたいときにも使います。
例文）成功したいと思っています。
　　→成功を願っています。

〈予想する〉

推量する

あることが起こる前に、**まあこうだろうと考える**ことです。
例文）きっと、こんなことになるのではないかと思う。
　　→きっと、こんなことになるのではないかと推量する。

案じる

もとは不確定な情報の実態を明らかにするために分析することを指しましたが、今は**将来の心配**など心理的な思いを表現する言葉になっています。
例文）悲惨な未来を思う。
　　→悲惨な未来を案じる。

想像する　空想する

実際にはないことを思い描くこと。「想像」は、根拠があるものも、現実からかけはなれたことにも両方使われますが、「空想」は主に「**実際にはありそうもないこと**」を想像することです。

例文) ここでスピーチができるとは想像だにしませんでした。

　　　もし、1億円が手に入ったらと空想した。

夢想する

夢のようにあてもないことを想像することを指します。福沢諭吉が『文明論之概略』で「数千万年の後を推して文明の極度を夢想すれば」と書いていますが、夢のような未来を空想しています。

例文) 50年後、自分の作品が世界中に広まっていることを考える。

　　→ 50年後、自分の作品が世界中に広まっていることを夢想する。

〈相手のことを思う〉

気にかける

軽く注意してみている、というニュアンスです。

例文) 彼女のことを心配に思う。

　　→彼女のことを気にかける。

03 繰り返しをなくす

「感じる」を言い換える

ある感情や感覚、思いが浮かび上がることを指します。「思う」「考える」が頭に関係するのに対して、**より感覚的な**物事を指します。
例文）暖かくなったように思います。
　　→暖かさを感じます。

> もっと言い換え！

印象を受ける

「印象」とは、**何かの体験をした後に心に残っている感じ**です。「印象づけられる」は、何らかの印象を植えつけられること、「印象に残る」は、あるイメージが心に強く残ることを指します。
例文）彼は真面目な人と感じた。
　　→彼からは真面目な印象を受けた。

感触を持つ

感触は、物事に触れて感じること。相手の態度や言葉から**それとなく感じられる印象**を指します。
例文）前向きに検討してくれるように感じました。
　　→前向きに検討してくれるような感触を持ちました。

感想を持つ　感想を抱く

ある物事に対して、心に感じて思うこと。「感じました」というよりも、**婉曲な（やわらかな）表現**になります。

「持つ」が自分の手の中に入れるという意味であるのに対し、「抱く」は両腕に抱えている意味であることから、重々しさや大事さが変わってきます。

例文） あの場面はちょっと唐突に感じました。

→あの場面はちょっと唐突だなという感想を持ちました。

看取する

見てその本当のところを知ること。察知すること。「観取」とも書きます。

例文） 相手の言動から本心を感じる。

→相手の言動から本心を看取する。

感慨

「感じ慨く」ということから、何かの物事に深く感じてため息をもらすような気持ちのことを指します。特に過去の経験などを思い出して、懐かしく感じるようなときに「感慨にふけった」などと使います。

例文） 久しぶりに母校に来て懐かしく感じた。

→久しぶりに母校に来て感慨にふけった。

04

繰り返しをなくす

「頑張ります」を言い換える

「頑張ります」も自分のやる気を示すために使うことが多い言葉ですが、いつも「頑張ります」ばかりだと、「本当に？」という気にさせてしまいます。

頑張るは、「我張る」から変化したとする説と、「眼張る」から出たとする説の両方があります。困難に屈せず努力するという意味だけでなく、自説を強硬に主張するというマイナスの意味もあります。

もっと言い換え！

不退転(ふたいてん)の決意で臨みます

志を固く守り、後には引かないことを意味するのが「不退転の決意で臨みます」という言葉。「不退転」はもともと仏教用語で、修行が途中で挫折してしまわないことを言いました。

堅忍不抜(けんにんふばつ)の精神で精進します　不撓不屈(ふとうふくつ)で臨みます

強い決意が感じられるのが「不抜(ふばつ)」や「不撓(ふとう)」といった言葉。

我慢強くこらえて志を変えないことを意味する四字熟語「堅忍不抜」や、困難にくじけないことを意味する「不撓不屈」を用いて、「堅忍不抜(不撓不屈)の精神で精進します」などと言います。「**不抜(不撓)の意志で臨みます**」という使い方もします。

全身全霊をささげる

全身全霊とは、体と精神のすべてのこと。「このプロジェクトに全身全霊をささげます」と言うと、持っている体力、精神力すべてを注ぎ込むという**強い意志**を伝えることができます。
例文） 彼は会社の再建を頑張った。
　→彼は会社の再建に全身全霊をささげた。

最善を尽くします

「最善」は、最もよいこと。**自分ができる限りのことを尽くします**、という意味です。「**ベストを尽くします**」と同じです。
例文） 新たなプロジェクトが成功するよう頑張ります。
　→新たなプロジェクトの成功に最善を尽くします。

鋭意努力します

「鋭意」は気持ちを集中して励むこと。「意識を鋭くして」で、**気持ちを入れて頑張る**という意志が伝わります。
例文） 社内のペーパーレス化に集中して頑張ってください。
　→社内のペーパーレス化に鋭意努力してください。

手を尽くす

あらゆる手段・方法をやり尽くす、ということです。それでも結果ダメだった、という文脈でもよく使われます。
例文） 頑張りましたが、うまくいきませんでした。
　→手を尽くしましたが、うまくいきませんでした。

尽力する

　力を尽くすこと。骨を折ること。「尽力を尽くす」は間違いで、「尽力する」あるいは「力を尽くす」と表現します。多くは**他人のために尽くす**ことを指します。

例文）被災地の復興のために頑張る。

　→被災地の復興のために尽力する。

精進します

　もともとは仏教用語で、ひたすら修行に励むことを指していましたが、後に一所懸命努力することという意味も生まれました。ストイックさや、**より高い目的を目指そう**という意識が伝わる言葉です。

例文）より皆様のお役に立てるよう頑張っていきます。

　→より皆様のお役に立てるよう精進していきます。

踏ん張る

　気力を出してこらえること。「土俵際で踏ん張る」などとよく使われますが、**こらえて頑張っている**ことを表す言葉です。もとは、開いた足に力を入れてこらえる、ということからきた言葉です。

例文）状況は悪いが今が頑張りどきだ。

　→状況は悪いが今が踏ん張りどきだ。

粘る

　あきらめずしぶとく続けること。普通に「頑張る」よりも、しぶとさが感じられます。粘って物事をやり通せたら「粘り抜く」です。
例文）最後まで頑張って勝利をおさめた。
　→粘って勝利をおさめた。

打ち克つ

　困難に負けず、乗り越えたこと。頑張って、**その後よい結果が出たことに焦点をあてた**言葉です。
例文）頑張って病気を治した。
　→病気に打ち克った。

05

繰り返しをなくす

「すごい」を言い換える

「すごい」は、元は文語調で、心に強烈な衝撃を感じさせるようなことを指す言葉でした。

ただし、現在は、様々なことが際立っている、優れているという意味で、何についても「すごい」「ヤバい（ポジティブな意味で）」と使いがちです。そんなときは、何がどうすごいのか具体的に考えた上で、より適切な言葉が使えるとよいでしょう。

もっと言い換え！

〈能力・技術・価値がすごい〉

優れた　優秀な

能力・技術・容姿・価値などが他より優ることを指します。「他と比べて」というニュアンスがある言葉です。「優秀な」は、主に知力や能力に使われます。
例文）優れた能力を持つ。

出色（しゅっしょく）

能力・出来栄えなどについて、他より極めて優れていることを言います。
例文）今回の合唱は出色の出来栄えだった。

抜群

「出色」と同様、**能力・出来栄え**などについて言います。
例文） 抜群の仕事をする。

手練れ（てだれ）

主に武芸について言います。少し古めかしいですが、熟練して武芸に優れていることを言います。「達人」と同義です。
例文） 手練れの剣士

白眉（はくび）

三国志で蜀の馬氏の兄弟の中で、眉の中に白毛のあった馬良がもっとも優れていたということから、同類の中でも優れている人物のことを指します。
例文） 歴史小説の白眉

エキスパート

ある分野で訓練・経験を積み、熟練した手腕・知識を持つ人。
例文） 人事部門のエキスパート

無類(むるい)

類がないので、**比べるものがないほど優れている**こと。また、比べるものがないという意味でも使われます。
例文） 無類のラーメン好き。

通

ある領域の事柄に精通していることを指します。もともとは、芸能・花柳界・趣味・道楽に関して使う言葉で、現在もどちらかというと趣味の領域について言います。
例文） 日本酒においては通だね。

心憎い

もとは、底知れないものに心がひかれて、気をもむことを指しました。今は「憎い」という字も入っていますが、ねたましいほど優れていることを指して使うことがあります。
例文） 心憎いほどの演奏だった。

錚々たる(そうそう)

金属の楽器の音がよく響く様を指した言葉です。その分野で肩を並べるものがないほどの存在であることを指します。なお「壮々たる」は間違いです。
例文） 今回のメンバーは錚々たる顔ぶれだ。

〈集団の一人ひとりがすごい〉

選り抜き　選りすぐり

多くの中から選んで抜き出すことから、**選ばれるような優秀さ**を指す言葉です。「選りすぐり」は、優れたものからさらに優れたものを選ぶというニュアンスがあります。
例文） 全国から選り抜きの選手が集まった。

粒より（粒選り）

特に優れている人を選び出すこと。「粒えり」とも言います。優れた人ばかり集まっていることは、「**粒ぞろい**」です。
例文） 粒よりのメンバーをそろえました。

〈保証付きですごい〉

折り紙付き

折り紙は、保証書、鑑定書のこと。奉書紙を二つに折ったもの（折り紙）を、公式文書、鑑定書などに使っていましたが、そこから、鑑定結果を証明する紙がついていること、つまり、**保証がついているほど確実、定評がある**という意味になりました。ちなみに「札付き」は悪いことに使われ、「札付きの悪」などと言われます。

また、似た言葉の「お墨付き」は「部長のお墨付き」などと誰が推薦しているのかがわかるときに使う一方、「折り紙付き」は今までの経験や実績から信頼できると判断されるときに使います。
例文） 彼女の腕は折り紙付きだ。彼女の腕は社長のお墨付きだ。

〈変化・成長がすごい〉

目覚ましい

よい方向への変化が極めて早いことを指します。
例文） 目覚ましい進歩だね。

〈気が利いてすごい〉

目端が利く
（めはし）

　職場では、きめの細かい対応ができる人が重宝される。これは、いつの時代も変わりません。**機転が利くこと、その場に応じて才知が働く人**をほめる言葉が「目端が利くね」です。商売のセンスがある人にも使いますが、「商売っ気があるね」というよりも、品がありますね。

　「目端」は、その場の様子を見計らう才知のこと。「彼はおっとりしているように見えるけど、ずいぶん目端が利きますね」などと使います。有島武郎（1878～1923）の『或る女』という作品に「剃刀（かみそり）のように目端の利く人だった」とあります。「剃刀のように」という比喩が、機転が利く様子を際立たせています。
例文） 彼女は目端が利くから安心して任せられる。

気が通る

　「気がはしまで通る」のですから、察しがよいこと、物事をよく知っていて、ゆきとどいていることを指します。何も言わなくても事情を察知して、動ける人はどこにでもいるものですね。
例文） 彼は気が通る。

〈人格がすごい〉

人徳がありますね

職場などで誰からも好かれている人を評して「人徳ですね」「人徳がありますね」などとほめることがあります。人徳は、**その人が生まれながらに備えている人柄のよさ**のことです。
例文)「入院中多くの人が助けてくれてね」「人徳ですね」

〈知性がすごい〉

頭脳明晰

頭の働きが優れていること。「明晰」とは、明らかではっきりしていることを指します。
例文) 彼女は頭脳明晰だ。

頭が切れる

頭の回転が速く、**てきぱきと処理する能力**があること。
例文) 彼は頭が切れる。

聡明

「聡」は耳がよく聞こえること、「明」は目がよく見えることから、頭がよく道理に通じていることを指します。**判断力や洞察力に優れている**ことなどをほめて言います。
例文) 彼女は聡明なリーダーだ。

見識がある　眼識がある

　物事の本質を見通す判断力。もしくはしっかりした意見。ちなみに「眼識」は物事の真偽を見分ける力であり、主に美術品に使われます。
例文）彼はその分野について高い見識を備えている。
　　　　眼識のある彼が見れば、この刀の真価がわかるはずだ。

計算が速い

　「計算」とは、四則演算などで数値を求めることのほかに、<u>**状況を判断して予測する**</u>、という意味もあります。
例文）彼は計算が速い。すぐに手を回していたよ。

先見の明がある

　<u>物事が起こる前に見抜く見識</u>、将来を見通す賢さがあることを表します。「先見の目」とするのは誤用です。
例文）当時からITに投資していたとは、先見の明がありますね。

利発

　賢いこと。才知があって頭の回転が速いこと。またその様を指します。<u>**今は子どもなどに使うことも多い**</u>です。
例文）年の割に利発な子どもだ。

打てば響く

すぐに的確な反応を示す様を表す言葉。「打てば響くような受け答え、素晴らしいですね」などと言います。頭の回転が速く物事の反応やリアクションが速いことを評価するニュアンスがあります。
例文） 彼は打てば響く人で、すぐに仕事をこなしてくれる。

目から鼻へ抜ける

理解が速く非常に賢い様、抜け目がなく敏捷なことを示します。見た物をすぐにかぎ分ける、視覚と嗅覚がすばやく連携して働く様子から来ている言葉であり、「目から鼻へ抜けるような、やり手の営業マンですね」などと言います。大仏の目を修理した職人が目をはめた後に、鼻から抜けたことを賢いと評価したことが語源という説もあるようです。
例文） 彼女はやり手で目から鼻へ抜けるような仕事をする。

一を聞いて十を知る

『論語』の言葉で、孔子の弟子の顔回をほめて使われた言葉です。一部分を聞いて万事を理解することを指します。
例文） 彼は一を聞いて十を知る人だ。

〈センスをほめる〉

お目が高いですね

相手のセンスをほめるときの言い回しの一つが「目が高い」。鑑識眼が優れている、物事の本質・価値を見抜く力があることをほめる意味の言葉です。
例文） さすが、お目が高いですね。

目が利く

物の価値を見分ける能力がある、鑑識眼があることを評価する言葉です。「○○さんはクラッシックカーに目が利く」などと言います。
なお、書画・刀剣・器物などの真贋や良否を見分けること、その能力に優れている人を「目利き」と言い、「彼は骨董品の目利きですね」などと使います。世阿弥（1363頃〜1443頃）が記した能の理論書である『風姿花伝』（1400〜02年頃）には、「これも、まことの花にはあらず。（中略）まことの目ききは、見分くべし（それは真実の花ではない。真実の目利きは、それを見分けるだろう）」という表現があります。
例文） 彼は美術品に目が利く。

慧眼に感服しました
けいがん

「慧眼」は、物事の本質を鋭く見抜く洞察力のこと。**採用時に彼を選んだ人事部長の慧眼に感服いたしました**」などと言います。どちらかというと文章語として使われます。

〈言葉・文章がすごい〉

言い得て妙ですね

的確な表現をした人をほめるときの表現に「言い得て妙ですね」があります。**「そのたとえは言い得て妙ですね」**といった使い方をします。

「妙」は非常に優れていること。「奇妙なこと、不思議なこと」という意味ではないことに注意してください。

例文） その表現は言い得て妙ですね。

秀逸

特に**詩歌や文章について**使うことが多い言葉です。古くは歌や句などの選考で最高の評価のことを指しました。

例文） 彼女の俳句は秀逸だ。

流麗（りゅうれい）

詩や文章・音楽がよどみなく流れるような美しい様を指します。

例文） 流麗な文章

〈評判がすごい〉

高名

名高いこと。評判が高く、広く一般に名前を知られていることを指します。「有名」がマイナスの意味（「締め切りを守らないことで有名」など）の意味もある一方、**よい意味でだけ使います**。

例文） ご高名はかねがねうかがっております。

名代（なだい）

何代も続いた由緒あるお店、品物などを指します。お店ののれんなどで見かけたことはありませんか？
例文） 名代の和菓子店

名声を得る

世間からのよい評価が集まっていることを表す表現に「**名声を得る**」「**名声を博する**」「**名声が高まる**」などがあります。同様の表現に「**盛名（せいめい）をはせる**」があります。
例文） 彼は敏腕経営者として名声を得ている。

一世を風靡（ふうび）する

ある時代の人々がみな受け入れて、**同時代の人たちに広く知れ渡っている**ことを表すフレーズが「一世を風靡する」です。「風靡」には、風が草木をなびかせるように、大勢の人々をなびき従わせるという意味があります。
例文） 昭和初期に一世を風靡した映画スター

〈活躍がすごい〉

大車輪の活躍ですね
だいしゃりん

素晴らしい活躍をした人をたたえる言い回し。「大車輪」には、張り切って大奮闘すること、仕事などに追われて忙しく働くことという意味があります。

例文） 大車輪の活躍をされていると聞いていますよ。

八面六臂の大活躍ですね
はちめんろっぴ

同じく忙しく働くという意味でありながら、**多方面で目覚ましい活躍をしている**、一人で何人分も働いているというニュアンスを持つフレーズです。「八面六臂」とは、八つの顔と六つの腕を持つ仏像のことであり、そこから傑出した手腕や力量があることをたとえて使われるようになりました。

例文） 八面六臂の働きをする。

面目躍如
めんもくやくじょ

　周囲の評価に違わぬ活躍をして、生き生きとしている様子をほめる表現。「面目」は世間から受ける評価のことであり、「躍如」は生き生きとしていることです。
例文） ここでホームランとは、大リーガーの面目躍如といったところですね。

獅子奮迅の活躍
ししふんじん

　「獅子奮迅」は、百獣の王である獅子が、猛りはやることから、獅子が奮い立ったように、**激しい勢いで物事に当たる**ことを意味します。
例文） 獅子奮迅の活躍（働き）ですね。

余人をもって代えがたい
よじん

　ほかの人では代えが利かない存在である、**それほど功績が大きい**という意味で使います。「余人」は、ほかの人という意味です。
例文） 彼女は余人をもって代えがたい存在ですね。

06

繰り返しをなくす

「確かに」を言い換える

「確かに」は、その判断が間違いない様を指しますが、これも話していると、同意するときに何度も使ってしまう言葉です。言い換えられる言葉を紹介しましょう。

もっと言い換え！

まさに（正に）

誇張や偽りなく、正確であることを指します。
例文） まさにその通りです。

間違いなく

どこからどう見ても、そうだと判断できること。「まさに」よりも**「判断」「推量」のニュアンスが入ります。**
例文） 彼女は間違いなく合格するだろう。

まさしく

疑う余地がないこと。これも判断が入ります。
例文） これはまさしく彼の筆跡だ。

07

繰り返しをなくす

「かわいい」「素敵」「きれい」を言い換える

「かわいい」は女性同士のコミュニケーションでよく使われますが、古くは「うつくし」という言葉で表現され、「かわゆし」はむしろ「あわれだ」と同情する気持ちを指す言葉でした。会話で「かわいい」以外の表現もできると、センスのよさを伝えられます。

目もあや

正視できないくらいきらびやかなこと。まばゆいくらい美しいこと。古くは男女関係なく使われましたが、今は**女性へのほめ言葉**として使われています。
例文）目もあやなドレス

まばゆい

あまりにきらびやかでまばゆいことから、**光り輝くほど美しいこと**。また、そこから自分が気後れする感情も示します。
例文）まばゆいばかりの衣装

愛くるしい

子どもや小動物などの**動作や表情が大変かわいいこと**。
例文）愛くるしい子猫

愛らしい

小さなものに対して好感を持ったり、かわいいと感じることです。
例文）野花が愛らしい。

いとおしい　いとしい

頼りなげで愛情を注ぎたくなるような気持ちです。守りたいという気持ちを含んだ言葉ですね。
例文）わが子をいとおしく思う。

可憐

「憐」の入った「憐れむ」という言葉は、いじらしくてかわいい様を指し、見守りたくなる気持ちも表現します。小さい花や少女などに使われることが多いです。
例文）可憐な少女

あどけない

純真で愛らしい、**無邪気さが感じられる言葉**です。
例文） 子どものあどけない寝顔

いたいけ

幼くていじらしい様子。漢字では「幼気」と書きます。
例文） いたいけな子どもが犠牲になった。

目に入れても痛くない

かわいくてかわいくてたまらない。**溺愛する様**を指します。
例文） 愛猫(あいびょう)を目に入れても痛くないほどかわいがっている。

〈マッチしている〉

映える

「映える」は、対象によってそのものごとが引き立って見えること。
「**ドレスにネックレスが映えますね**」などと言って着こなしのセンスをほめます。また、「**着映え**」は、身につけたときに衣服が素晴らしく見えること、着た人が引き立って見えることを表します。
例文） 白のワンピースに水色のバッグが映えますね。

〈女性の容姿などについて〉

見目麗しい

女性の顔かたちが美しいことを指します。少し古風な言い方です。
「**見目良い**」も同じ意味。大体内面の美しさを指す言葉と一緒に使われることも多いです。
例文） 見目麗しく気立てもよい女性　見目良くやさしい女性

容姿端麗

顔立ちや体つきが整っていること。「容姿」は姿かたち、「端麗」は整っていて美しいことを指します。特に女性について言います。
例文） ○○さんの娘は容姿端麗だ。

水際立つ

「水際」は陸と海と川が合わさるところ。「際立つ」は、違いがはっきりしていることですから、「水際立つ」で、容姿や出来栄えなどが、**他のものと比べて著しく目立つ**ときに使われます。
例文） 彼女は、水際立った美しさだった。

雪を欺く

女性の**肌の白さ**についていう言葉。その白さが雪にひけをとらないことから、言われています。
例文） 雪を欺く肌

鈴を転がす

澄んだ美しい声のたとえです。
例文） 鈴を転がすような声

鈴を張ったような

女性のひとみがつぶらで、ぱっちりとした目つきを言います。少し古い言い方です。
例文） 鈴を張ったような目

壮麗

規模が大きくて美しい様。
例文） 壮麗な宮殿

艶めく(つや)

つややかなこと。また色気がある、色っぽく見えること。
例文） セクシーに艶めく口紅

〈性格やしぐさにも使う〉

しとやか

言葉・動作・性格が落ち着いていて上品な様。好ましい感じを表します。現在は女性について言います。
例文） しとやかな話し方

たおやか

もとは「撓む」が変化した言葉で、枝がしなうように物腰や態度がしなやかなことを指します。
例文） たおやかなしぐさで舞う。

麗しい

容貌や挙動が美しくつややかである様子を指します。「**ご機嫌麗しい**」のように晴れ晴れとした様子や、「**麗しい友情**」のように心温まる様についても言います。「きれい」「美しい」よりも、少し古めかしい言い方です。
例文） 麗しい姫君

〈雅である〉

風雅

「風流」はご存じの方も多い言葉ですが、「風雅」も同様に、雅なこと、高尚で優美なことを指します。また、詩歌・文章・書画などの芸術の道にかかわっていることにも使います。
例文） 風雅な茶室

〈かっこいい〉

眉目秀麗　眉目清秀

　容貌の優れている様。**特に男性について言います**。「眉目秀麗」はなかでも顔つきが清らかな人。今風に言うとさわやかな（清潔そうな）美男子です。
例文）彼は眉目秀麗な男だった。

いなせ

　もとは日本橋の魚河岸にいた粋な若者が、イナという魚の背に似た髷（まげ）を結ったことから、**粋で威勢がよいこと**を指すようになりました。江戸っ子が大切にしていた美徳の一つです。
例文）法被（はっぴ）姿がいなせだ。

粋（いき、すい）

　もともとは江戸の町人が理想とした理念を表す言葉でした。そこから、容姿・身なり・態度・性格が、さっぱりしてあかぬけていることを指します。何をもって「粋」とするかは難しいですが、九鬼周造が『「いき」の構造』（岩波書店）で日本人の美意識を分析しています。
例文） 粋な着こなしだね。

小粋（こいき）

　「粋」から、どことなく洗練された美しさを持っていること。「小」は、接頭語として頭につくと「なんとなく」という意味になり、「なんとなく粋な感じ」を表します。
例文） その装いは小粋だね。

乙（おつ）

　しゃれて気が利いていること。ひねりがきいていて、ちょっと変わったよさを持つものについて言います。もともとは音楽の「甲（かん）」の音よりも一段低い音を指しました。そこから**普通ではないが、それなりの趣があるもの**について言われるようになりました。
例文） 雨の京都もまた乙なものだ。

08

繰り返しをなくす

「おいしい」「うまい」を言い換える

　旅番組や料理番組で、「おいしい」「うまい」ばかりの言葉を使ってレポートをしているタレントさんもいますが、それだけでは言葉としても貧弱です。おいしい料理をいただいて、それを適切に表現する言葉が使えると、一緒にいた方にも一目置かれることでしょう。

絶品

　他のものとくらべものにならないくらい、極めて優れた作品や品物について言います。
例文） この味は絶品だ。

逸品(いっぴん)

　質の高い優れたものを指します。「絶品」のように「これ以上ない」という意味はありません。
例文） 魚を使った逸品ですね。

格別

　格段の差があること。よいことについて言います。
例文） これはまた格別な味だね。

極上

極めて上等なこと。特に**品質について**言う言葉です。
例文） 極上のワイン

滋味

豊かな味わい、栄養に富むおいしい食べ物について指します。
例文） 滋味に富む季節の食材

甘美

甘くて味がよいこと。食べ物以外にも、甘く心地よく感じられる物事について言います。
例文） 甘美な果物

甘露

甘くておいしいこと。煎茶の上等のものも指します。古代インドでは、不老不死になるとされた神の飲み物。中国で天下泰平のときに甘い露が降ると『老子』にあります。
例文） 甘露の味わい

コクがある

　こくは「酷」と書き、もともとは中国で穀物が熟したことを表す言葉でした。そこから**深みのある濃い味わい**のことを言います。
例文） この日本酒はコクがある。

深みのある

　豊かでコクのある趣や味わいを指します。
例文） 隠し味にワインを加えた深みのある味わい

香ばしい

　香りがよいことを指します。特に煎ったり焼いたりしたものから発するにおいを指すことが多いです。
例文） パンの焼ける香ばしいにおいがしてきた。

馥郁（ふくいく）

　よい香りが広く漂う様を表します。
例文） 馥郁たる香りがしますね。

芳醇（ほうじゅん）

　香り高く味がよいこと。基本的には**お酒**に使います。
例文） 芳醇なワイン

口当たりのよい

「口当たり」とは、飲食物などを口に入れたときの感じ。舌触りなどのことを指します。
例文） 口当たりのいいお酒

舌ざわりのよい

飲食物が舌に触れたときの感じです。
例文） とろけるような舌ざわりのプリンだった。

顎が落ちる　ほっぺたが落ちる

非常に味わいがよいことのたとえ。おいしいものを口にすると、噛むのを忘れ、顎が開いてしまうことから言われるようになりました。なお、実際に落ちることはないので、過去形では使いません。同じ意味で「ほっぺたが落ちる」もあります。
例文） 顎が落ちるほどおいしい料理
　　　　このお菓子はおいしくてほっぺたが落ちそうだ。

09

繰り返しをなくす

「本当に」を言い換える

心からそう思っていることを伝える「本当に」も、「本当にありがとうございます」「本当にご面倒をおかけいたします」と、メールなどで重なりやすい言葉です。

「本当に」は、真実・事実であること、事実がはなはだしいことの二つの意味があります。「今日の演奏は本当に素晴らしかった」などと使います。くだけた言い方だと「ほんとに?」などと言うこともあります。

もっと言い換え!

深く　厚く

「深く」は**心の深い部分からの気持ち**を指すのに対し、「厚く」は、**情愛・人情・好意などの程度がはなはだしいこと**を指し、気持ちに焦点が当たります。
例文) 深く(厚く)御礼申し上げます。

一方ならぬ
（ひとかたならぬ）

「一方」は普通であること。「ならぬ」がついて、一通りでないことを指します。
例文) 一方ならぬお世話になり、誠にありがとうございました。

誠に 真に(まことに)

間違いなくその状態であること。会話よりも文章、公的な発言で使われます。
例文) 誠にありがとうございます。

心から

「心」は表面からはわからない本当の気持ちのことを指します。**真心がより伝わる**言葉です。
例文) 心から感謝しております。

心底

「心底」も「心から」と似た言葉です。心の奥底ということから、**偽りや飾りのない本心**を指します。
例文) 彼の病気が完治したことを聞いて心底うれしく思った。

深甚(しんじん) 深厚(しんこう)

「深甚」は、「深い」ことに「甚」という言葉が入り、意味・気持ちなどが奥深いことを指します。「深厚」は、内容・意味が深く深遠なこと、また情が極めて深く厚いことを指します。
例文) 深甚(深厚)なる謝意を表します。

10 繰り返しをなくす

「超(チョー)」を言い換える

　「超」は他とかけ離れて優れていること。もともとは「超特急」など名詞に添えて使われましたが、「チョーすごい」などの若者言葉が定着し、広く使われるようになりました。ただし、かしこまった席ではふさわしくありませんね。

極(きわ)めて

　この上ないくらいに程度がはなはだしい。程度の極限を表す言葉。「極」は極めるという言葉ですから、この上ないことです。
例文）極めて深刻な状況です。

いたって

　非常に、極めてなどと同じ意味です。「至る」は、**普通の水準を超えた段階**にあることを指します。
例文）90歳になりますが、いたって元気です。

著しく
<ruby>著<rt>いちじる</rt></ruby>しく

物事が目立ってはっきりしていること、目立っていることを指します。

例文) 著しく成長している。

並外れた　非凡な

「並」は、普通。普通から極端にはずれている様を指します。「非凡」も、平凡でなく特に優れていることを指します。多くはプラスの意味で使われます。

例文) 並外れた才能を持っている。
　　　　音楽については非凡な才能を持っている。

卓越　卓抜　卓出
<ruby>卓越<rt>たくえつ</rt></ruby>　<ruby>卓抜<rt>たくばつ</rt></ruby>　<ruby>卓出<rt>たくしゅつ</rt></ruby>

「卓越」は他よりはるかに抜きんでて優れていること。「卓抜」「卓出」は、同類の中で比較しての言葉です。

例文) 卓越した身体能力の持ち主
　　　　演奏会の中では彼女の曲が卓抜(卓出)していた。

傑出
<ruby>傑出<rt>けっしゅつ</rt></ruby>

大勢の中で抜きんでていること。実力や才能などについて言います。

例文) 彼は傑出した美術の才能を持っている。

桁外れに　桁違いに

　金額・規模・力量などについて使います。「桁」は数の位で、そこから「外れてしまう」のですから、普通に考えられる水準よりもはるかに上のことを示します。類語の「**桁違い**」は、何かと比べて程度・規模がまさることを指します。
例文）桁外れに強い相手　演奏者の中でも桁違いにうまい。

途方もなく

　道理に合わないことから、程度がひどくかけはなれていることを指します。良いことにも悪いことにも使う言葉です。似た言葉の「**とてつもない**」もほぼ同じです。「とてつ」は「途轍」と書き、「筋道」「道理」を表します。
例文）途方もなく広い公園だ。　事故でとてつもない音がした。

得も言われぬ　言語に絶する

　「**言い表せないほどよい**」ということです。雰囲気や魅力などをほめるときに使います。文章で使うことのほうが多いかもしれません。

　「言語に絶する」は本来はマイナスの事柄についての言葉でしたが、今はプラスの事柄の意味にも使われています。
例文）得も言われぬ美しさ　言語に絶する惨状

絶大

人気、信用、権力などに使われます。
例文） 絶大な人気

たまらなく（堪らなく）

こらえきれないほど程度がはなはだしいことを指します。よいことにも悪いことにも使います。
例文） たまらなく面白い。

恐るべき

恐ろしいと思えるほど程度がはなはだしいこと。**警戒を必要とする気持ち**を表します。
例文） 彼は恐るべき才能を持っている。恐るべき暑さだ。

11

繰り返しをなくす

「多い」「たくさんある」を言い換える

何かの背景を説明して説得しようとするときに、「多いです」といった言葉はよく使われますが、バリエーションが少ないと「多いです」「少なくありません」といった言葉を何度も使うことになります。ここではいくつかの言い換えできる言葉を紹介します。

もっと言い換え！

枚挙(まいきょ)にいとまがない

たくさんあり過ぎていちいち数え切れないことを指します。
例文） こうした例は枚挙にいとまがありません。

掃いて捨てるほど

あり余るほど多いことのたとえ。あり過ぎて価値が少ないというニュアンスがあります。ただし、「捨てるほど価値がない」という意味ではないので注意してください。また、「吐いて捨てるほど」も誤りです。
例文） この程度の商品は、掃いて捨てるほどある。

数え切れないほど

「枚挙にいとまがない」と同様の言葉で、数え上げられないほど数が多いことです。
例文) 数え切れないほどの事例があります。

うなるほど

多くの金や物資が重なって声を出すほどある、という意味。お金などによく使われます。
例文) うなるほどお金がある。

十指にあまる

際立ったものを挙げると、10本の指では数え切れないこと。「じっし」と読みます。
例文) 受賞した賞も十指に余る。

猫も杓子も

「誰も彼も、何もかも」を意味する慣用句。じゃっかん軽蔑を込めて使われる言葉でもあるので、直接相手に言うときには注意が必要です。

語源は「禰宜も釈子も（神主も僧侶も）」が変化したという説や、「女子も弱子も（女も子どもも）」から来ているという説もありますが、確かなことはわかっていません。
例文) 猫も杓子もネットで買い物をしている。

繰り返しをなくす

「少ない」「ちょっと」を言い換える

　「ちょっと」は、副詞の「ちっと」が変化した言葉。時間、物事の量や程度がわずかである様を表します。漢字の表記は「一寸」「鳥渡」、です。「一寸」（約3.03cm）が少し、というのはなんとなくイメージがつきますが、「鳥渡」という当て字は難しいですね。

　「ちょっと」は、そもそもくだけた表現ですので、これだけで済ませるのは語彙不足。わずか、少々、心持ち、ほんの、といった類語を使い分けましょう。

もっと言い換え！

少々　いささか

　「少々」は時間にも使われます。「ちょっと」と同意ですが、よりあらたまった場で使われます。「いささか」も同じですが、「彼はいささか頼りないね」など、**「少々」であっても見逃せない**というニュアンスを含むことがあります。
例文）少々お待ちください。

心持ち　気持ち

「わずかにそれと感じられるだけ」ということで、ほんの少しの程度を指します。同様に「気持ち」という言葉も使います。写真撮影で、全員がフレームに収まりきらないとき、「**気持ち、左に寄ってもらえますか**」などと使っていませんか。
例文）心持ち前に出てみてください。

幾分(いくぶん)

もとはいくつかの部分に分けたうちの一部を指し、そこから「少し」という意味が生まれました。「幾分」で程度、「幾分か」で数を表します。
例文）朝夕は幾分寒くなりました。財産の幾分かを分ける。

申し訳程度

「ほんのわずかの」という意味で、「**かろうじて言い訳できる程度のものです**」と自分を謙遜する気持ちを表します。
例文）申し訳程度のものですが、どうぞ。

雀の涙ほど　蚊の涙ほど

雀の涙はわずかだろうということから、程度・量がごくわずかなことを指します。ちなみに、雀は目が乾かないように涙が分泌されるそうですが、計測できないほど少ないそうです。ほかに「蚊の涙ほど」という言い方もあります。ちなみに、狭いときは「猫の額」です。

例文） ボーナスが雀の涙ほどしかない。

微塵

塵は、「ちり」のこと。極めて細かいこと、量が少ないことを指します。

例文） 謝る気持ちは微塵もない。

しばし

「しばらく」と同じく「少しの間」を指します。今は会話では「しばらく」が一般的で、「しばし」は少し古めかしく感じられるかもしれません。

例文） しばしお待ちを。

違いがわかる

順次（順番に）
逐次（順を追って一つ一つ）
随時（いつでも）

順序に従って物事を行なうことを「順々に」「順番に」「順次」などと言います。

順次（順番に）

「順次」は、「順番に」と同じですが、**文章の中で使われることが多く**、やや硬い言葉です。

逐次（一つひとつ順を追って）

基本の意味は順次と同様ですが、**一つひとつ追って行なわれる**というニュアンスが出る言葉が「逐次」です。

随時（好きなときにいつでも）

「随時」は前もって順番は決まっておらず、「**随時入会が可能です**」のように、好きなときにいつでも、必要に応じて何かを行なっていくというニュアンスで使われます。

14

違いがわかる

適宜（機会）
適切（ぴったり当てはまる）
適当（ほどよく切り抜ける）

適宜(状況を見てそれぞれの判断で、ということ)

　その場の状況にぴったり合っていること。「**適宜帰ってよろしい**」のように、シチュエーションに応じて各自が判断してよいという意味でも使われます。「適当」と似ていますが、「適当」は「いい加減」といった意味もありますから、あらたまった雰囲気を出したいなら「適宜」を使うほうがよいでしょう。

適切(その行動が厳密に当てはまっていること)

　ぴったりと当てはまること。うまく適合すること。厳密に当てはまっているというニュアンスで使われます。「**適切な処理**」などと使われます。

適当(ほどよくその場を切り抜ける)

　ほどよく当てはまること、ふさわしいこと。「適切」ほど厳密に当てはまるという意味はありません。うまくその場を取り繕うこと、いい加減なことという意味もあります。

第6章

会議・打ち合わせで「できる!」と言われる語彙力ノート

仕事で使える

だいたいお話の通りです
↓
概(おおむ)ねおっしゃることに同意します

ビジネスの場において、「だいたい、そんな感じです」と言うと、くだけた印象です。

きちんとした印象を持たせたいなら、「概(おおむ)ねおっしゃることに同意します」などと言いましょう。「概ね(大旨とも書く)」には、「概要」という言葉があるように「**全体の中の主要な点を大づかみする**」というニュアンスがあります。「**概ね理解しました**」と言えば、主要な点は理解した、ということになります。

「概」という字の中にある「既」は、もともとお米をますに入れて盛り上がった部分をならして外にあふれさせる棒を表していました。そこから、ならしてみた結果、おおむねという意味になったのです。

もっと言い換え！

大筋(おおすじ)

物事の内容のだいたいのところという意味があり、「大筋で合意します」などと使います。「**大略(たいりゃく)**」も同義語です。「筋」は物事の筋道などを示す漢字です。契約などで「大筋合意」と言われることがありますが、それは、細かなことはおいておいて、まず大きな枠組みとしては合意することを示します。
例文) 大筋は合意します。でも、この部分については議論の余地があります。

ほぼ

完全というわけではないけれども、「だいたい」よりも完全状態に近いときに使います。
例文）ほぼよいと思います。

おおよそ（判断・見当が入る言葉）

大局からの判断、主張であることを示します。「おおよその目安をつける」などと、全体をざっと見渡して、見当をつけたときに使います。漢字では「大凡」「凡」と表記しますが、もともと「凡」は「風を受ける帆」の象形であり、風があまねく吹き渡ることから、総じて、すべてという意味を持つようになりました。

仕事で「一応、こんな感じで」などと話す方もいますが、これも「おおよそのところは、このような形でまとめました」などと言えると、よい印象になります。
例文）おおよそは、このような形で問題ないと思います。

九分九厘（くぶくりん）

99％そうなる、ほとんど間違いないというときに使います。99％とは、印象に残る表現ですね。
例文）九分九厘、確かな話です。

02

仕事で使える

とりあえずの日程です
↓
暫定的な日程です

「とりあえず」は、間に合わせとして、応急的にという意味があるせいか、やっつけ的な印象があり、仕事で使うと印象はよくありません。

一方、「暫定」は、はっきりと決めるまでの間、**仮に決めておくこと**を示します。「**暫定予算**」といった言葉があるように、一時的なもので、後で正式決定するときに使われます。

「暫」という字には「斬」があることからもわかるように、切り取られた時間＝しばらくという意味を表します。

もっと言い換え！

まずは

「先ずは」と書き、「まず」を強めた言い方です。はじめに、ほかのことはさておいてという意味で使います。

「まずは、ご説明させていただくだけでも」 などという言葉も使いますが、「とりあえず」よりきちんと聞こえます。

例文） まずはお見積もりをお願いします。

ひとまず

物事が進む中で、一つの区切りをつけるときに使う言葉。いろいろ解決しなければならないことがあり、これからの対応は決めかねている状況下で、**とりあえず一つのことを選択して実行する**ときに使います。

例文) ひとまず、この件は先方にご相談します。

さしあたり

これからのことはともかく、現在のところという意味です。「**さしあたって**」「**さしずめ**」なども同義です。

例文) さしあたり、必要なことは以上です。

なにはさておき(何はさておき)

他のことは別として、とりあえずの意味。「冗談はさておき」などと使いますが、これは、冗談はほかにおいてということ。「なにはさておき」は、**ほかのことはひとまず後において**という意味になります。

福沢諭吉の『福翁自伝』に「江戸に来れば何は扨置き桂川の家には訪問するので」とあります。桂川とは、幕府の蘭学医であった桂川甫周(1826～1881)のこと。福沢諭吉は、桂川甫周に頼み込んだ結果、咸臨丸の一員としてアメリカに渡ることができたのです。「江戸に行ったら、ほかのことはいいから、まずは桂川を訪ねよう」という諭吉の気持ちの伝わる文章です。

例文) なにはさておき、彼の話を聞かなくては。

03

仕事で使える

OKです
↓
かしこまりました

　「OK」には同意や承諾するという意味があり、比較的重要でないことについて、話し言葉で使われます。英語の「all correct」をふざけて「orl（もしくは oll）korrect」と綴った頭文字が語源とされます。日本では1920年代から若者たちが使うようになり、戦後の昭和20年代にも流行語となりました。高見順（1907〜1965）の『故旧忘れ得べき』（1935〜1936）という作品に「もうそれで万事オー・ケーの積りでゐるのよ」と使われています。

　この「OK」も、仕事で使うには、若干軽くなり過ぎるきらいがあります。

　「了解しました」、目上の人に対しては**「かしこまりました」**「**差し支えありません**」などの言葉で言い換えるとよいでしょう。

　一方、他の人から「OK」をもらったことについては、かしこまった場では、「**ご承諾いただいた**」「**ご内諾いただいた**」といった言葉がふさわしいですね。

　ただし、「内諾」は、内々に承諾すること、ひそかに承諾することを示します。非公式の承諾であり、正式な承諾を意味しないことに注意が必要です。

> もっと言い換え！

受諾

引き受けること、同意すること。「ポツダム宣言受諾」のように、要求や勧告など、**圧力を伴って求められたこと**について使われます。
例文） 申し入れを受諾する。

快諾(かいだく)

気持ちよく承諾すること。「申し出を快諾していただきました」「ご快諾いただきありがとうございます」のように使います。
例文） 面会をご快諾いただき、誠にありがとうございました。

聞き届ける

上位にある者が、申し出を聞いて許す、承知する、聞き入れるという意味の言葉です。
例文） 願いは聞き届けた。

承認

公的な内容を公の機関や個人が公的な立場で認める場合に使い、**正当であると認めること**を意味します。中江兆民（1847〜1901）の『国会論』（1888）に「租税を徴収せんとするときは必ず国会の承認を経ざるを得ず」とあります。
例文） 改正案を承認した。

仕事で使える

一つにまとめます
↓
一元化します

　複数のプロジェクトを一つにまとめるときなどに使うのが「一元化」という言葉。多くの問題、組織などを一つに統一することを表します。

　会社の指揮系統を一つにまとめたり、情報システムを一つに統合するなど、ビジネスにおいては、効率化するときに「一元化」がよく使われます。

　関連する言葉に「**統合**」があり、機能を高める目的で独立した**二つ以上のものをまとめて一つにする**という意味があります。

　「込み入っていた制度を一元化する」「第一営業部と第二営業部を一つに統合する」などと使い分けます。

もっと言い換え！

統一

　バラバラになっているものを一つの組織や系統のもとに整えることを意味します。「**天下統一**」などと使われるように、一つに合わせて支配するという意味もあります。「統一」の「統」には、「統べる＝支配する」という意味がありますね。
例文） 国を統一する。

集約

　一つにまとめるという意味ではなく、たくさんあるものを集めて、一定の分量に整理してまとめるというニュアンスを持ちます。だから最後は、必ずしも一つにまとまるのではなく、**二つ以上にまとめられることもあります**。
例文） これまでの意見を集約すると、A案とB案に分けられますね。

一括

　多くの物事を一つにまとめること、ひとくくりにすることという意味です。「**一括して〜する**」というフレーズで使われますが、「一元化」のように制度を統一するのではなく、「全部をひっくるめて」というくらいの意味合いになります。
例文） 一括してこちらで処理します。

最適化する

　目的に合った状態にすることを言いたい場合は、「最適化する」という便利な言葉があります。もともとは、システムの用語で、目的に対して最も適切なシステムを設計することを指しました。**今は一番物事が効率的に進むようにとりはかる**ことについても使っています。
例文） 業務プロセスを最適化する。

05 仕事で使える

いろいろと考えてみたところ
↓
勘案（かんあん）してみたところ

　「いろいろと」も、仕事で使うと少し幼く見えますね。そこで「勘案」を使ってはどうでしょうか。

　「勘案」は、種々の事業や物事を考え合わせること、考えめぐらすこと。

　財政法三十四条に「経費の支出状況等を勘案して、適時に、支払の計画の承認に関する方針を作製し」とありますが、様々な支出の状況を考えあわせて方針を決定する、ということになります。**あらゆる事情を考えて最もふさわしい答えを出したい**、というニュアンスが伝わる言葉です。ちなみに、財政法は国の予算、その他の財政の基本について定めた法律です。

もっと言い換え！

考慮

　「勘案」が複数のことを考える場合にしか使わないのに対して、**一つのことを考える場合にも使われる**のが「考慮」です。
例文）相手の立場を考慮する。

思案

「考慮」と近い言葉に「思案」があります。思いめぐらすこと、深く考えることを意味し、「**思案に余る**（いくら考えてもよい考えが浮かばない）」、「**思案に暮れる**（どうしようか考えあぐむ）」、「**思案に落ちる**（よく理解できる、合点がいく。多くは打ち消しの語を伴う）」、「**恋は思案の外**(ほか)（恋は常識や理性では計り知れないものだということ）」などの慣用表現があります。

例文） 今後どうすべきかと思案する。

鑑(かんが)みる

「鑑みる」は、「**～に照らして考える**」ということ。あくまでそのものを参照して考えるということであり、「考慮」とは意味が異なることに注意してください。

例文） 現在の状況に鑑みて判断したいと思います。

06 仕事で使える

担当を任される
↓
お役目をいただく

仕事で重要なプロジェクトを任されたときなどに使うのが「お役目をいただく」という表現。「お役目」は、公からいただいた役目、相手を敬ってその人の役目を指す言葉ですが、義務としてやむをえず行なう仕事という意味もあるので注意が必要です。役目や職をやめさせられること、役目から解放されることは「**お役御免**（やくごめん）」。「お役目御免」は誤用です。

拝命する

　任命をつつしんで受けることを表します。たとえば課長に就任したときの挨拶なら、「このたび課長になりました」ではなく、「このたび課長職を拝命しました」などと表現します。「**任務を授かりました**」も同様の意味です。「任務」とは公的な立場の個人や集団から与えられた仕事です。
例文）このたび大役を拝命しました。

07 仕事で使える

うまくいくよう努力します
↓
善処（ぜんしょ）します

「善処」は、**最良の方法で処理すること、適切に処置すること**を意味します。

1939年8月11日に、当時の総理大臣平沼騏一郎（1867〜1952）の名前で出された「内閣告諭号外」に、「事変の推移に善処し、国際政局の情勢に対応し」という表記があります。「事変」は1937年から日本と中華民国の間ではじまった戦闘である「支那事変」（日中戦争）のこと。ここでは、「戦争の勝利に向かって国民精神の総動員をさらに強化していくべき」という文脈の中で「善処する」が使われています。

けれども、現在では、政治家や官僚の用語として「善処」が使われると、「さしあたっては何の処置もしない」ことを表すこともあります。何もしないけれど、「何もしません」とそのまま言うわけにはいかないときの便利な言葉というわけですね。

なお、仏教用語では、「来世に生まれる善い場所」を表します。

08

仕事で使える

主導権を握る
↓
イニシアチブをとる

英語では initiative で「主導権」「率先」といった意味を持っています。率先して物事を進めること。ある人が全体の動きをリードして、主導権を握っているときに使われます。「**交渉のイニシアチブをとる**」、「**会議のイニシアチブ**」をとるなどと言いますね。

先(さき)んじて

「先行者利益」という言葉がありますが、ビジネスは他に先んじてはじめることが、大きな利益をもたらすことがあります。

「先んじて」は、「〜よりも先に」という意味の言葉です。「ライバル社に先んじて、AIの分野に進出する」といえば、ライバルの会社よりも先に進出することを指します。「**先んずれば、人を制す**」(『史記』)ということわざもありますね。

例文) 先んじて動くことで、利益を得たい。

先手を打つ　先手を取る

相手に後れを取らないように積極的に働きかけるというニュアンスを持ちます。「先手を取る」になると、相手より先に事を起こして優位に立った状態を意味します。今動いているときは「先手を打つ」、先に動いた結果、優位に立てた場合は「先手を取る」です。
例文） ライバル会社が動く前に先手を打つ。

機先を制する

「機先」は、事を行なおうとするその寸前を意味し、「機先を制する」は、相手が事を行なう前に行動を起こし、相手の計画や気勢を抑えること。国木田独歩（1871～1908）の『巡査』という作品に「常に無形に見、無形に聴き、以て其の機先を制す」とあります。「奇襲で相手の機先を制する」などと使います。
例文） ライバルの機先を制して、優位な立場に立った。

出端をくじく

機先を制すると意味が似た言葉です。「出端」は、物事をはじめたばかりで勢いの盛んな時期という意味があり、「**意気込んではじめたところを妨げる、調子づこうとするところを妨げる**」というときに使います。「機先を制する」が競争や戦争などに使われるのに対し、「出端をくじく」は様々な場面で使います。
例文） せっかく宿題をやろうと思ったのに、「早くやりなさい」と言われて出端をくじかれた。

09

違いがわかりづらい言葉

定性的　定量的の違い

「定性的」「定量的」という言葉も仕事の場でよく使われます。

ごく簡単に言うと、定性的は「質」、定量的は「量」という意味。…といってもわかりにくいですので、具体例を挙げて考えてみましょう。

「仕事の成果が上がった」「働きやすくなった」というのは、数字には表せない質的な変化。したがって定性的です。

ただし、ビジネスシーンでこのような表現をすると、「定量的な変化を示しなさい」と言われる可能性が高いといえます。

定量的な変化は、数値で表すことができる変化を意味するので、**定量的に示すと「売上は、前年度比110％となりました」「残業は前年同月と比較して20％削減できています」**という具合になります。

会議では「定性的にも定量的にも改善が見られました」などと言いながら質的な変化と数値の変化を示すパターンがよく使われます。

平均値　中央値　最頻値(さいひんち)

「**平均値**」は平均して得られる値。いくつかの数値の和を、数値の個数で割って得られる値です。

「**中央値**」は、数値を大きさの順に並べたとき、ちょうど中央に来る数値のこと。数値が偶数の場合は、中央の二つの数値の平均値が中央値となります。

「**最頻値**」は最も頻度が高い値です。

合計　累計　総計

「**合計**」は、いくつかの数や量を数え合わせたもの。「参加者の合計は184人です」などと使われます。

「**累計**」は、小計(一部分だけ合計すること)した数をさらに順次加算するという意味があります。「4月は50台、5月は30台、6月は40台。第1四半期で累計120台を販売しました」などと使います。

「**総計**」は、すべてをひっくるめて合計することという意味があるので、「年間総計2000台を達成しました」などと使います。

仕事で使える

他と比べてよい傾向です
↓
相対的によい傾向です

　プレゼンなどで、自社と他社の売上推移をグラフにまとめて説明することもあるでしょう。そんなときに「他と比べてわが社は〜」と言ってもいいですが、「**相対的に見てわが社は〜**」と言うこともできます。

　また、「絶対的」という言葉もありますが、これは比較しないということではなく、他のものと比べようがない状態を指します。たとえば、飛び抜けて立場がよかったりするような場合に「絶対的に有利な立場」などと言いますし、国王にすべての権力を持たせた政治形態は「絶対王政」と言われます。

例文） 相対的に見れば、弊社の売上は上がっている。

汎用的（はんようてき）に使えるように

　汎用とは、**いろいろな用途**に使うこと。仕事の上で「いろいろと使えるように」というのは、少しくだけた表現ですが、「汎用的」とすれば、きちんとした印象があります。
例文） このプログラムは汎用的に使えます。

仕事で使える

お客様のビジネスに役立てるため
↓
お客様のビジネスに資するため

「資する」は、正式な挨拶や公の場で使われることが多い言葉です。資材・技術・頭脳・労力などを提供して、助けとすること、役に立つことを指します。

「お客様のビジネスに資するサービスを提供いたします」 などと表現します。挨拶の場などで使えると好印象です。

国会法の130条に「議員の調査研究に資するため、別に定める法律により、国会に国立国会図書館を置く」とあります。ぜひ有効に使っていただきたいものですね。

もっと言い換え！

使える

「役立つ」の類語に「使える」があります。使う価値がある、という意味で、「その発想は使える」などと言います。**「役立つ」よりもさらにくだけた言い方です。**
例文）そのアイデア使えるね。

12

仕事で使える

代わりの案をお持ちしました
↓
代替案(だいたいあん)をお持ちしました

　会議やプレゼンでは、「反対するなら代替案を出せ」「提案を却下されたときのために、代替案を用意しておけ」などと言われることがあります。「代替(だいたい)」は、他のもので代えることであり、代替案は「**代わりの案**」という意味です。「**代案(だいあん)**」も同じ意味で使われます。

　「代わりの案」「別の案」でももちろんよいのですが、代替案と言うほうがビジネスでは、きっちりした印象を与えます。

もっと言い換え！

対案(たいあん)（相手の案に対して出す）

　相手の案に対して出す別の案のこと。「**相手に対抗して出す**」というニュアンスがあります。「野党が対案を用意する」など、政治の分野でよく使われる言葉でもあります。ちなみに「案」は机を表すため、「対案」には、机に向かって座ること、読書などをすることという意外な意味もあるのです。
例文） 野党が対案を出す。

たたき台

これから検討や批判を加えて、よりよいゴールを目指すために出す原案のこと。「私のプランはたたき台としてお考えください」などと言うと、**自分の案を謙遜するニュアンス**が生まれます。
例文） たたき台としてこちらの企画書をお持ちしました。

腹案

必要に応じて発表できるように、**前もって心の中で考えておく計画**を示します。「私に腹案があります」と言うと、「あらかじめ計画を練っていた」という印象を与えることができます。
例文） 腹案を持ってまいりました。

次善の策

「次善」は、最善ではないが、それに次ぐもの。1919年の『現代新語辞典』に「次善の候補者」という表記で登場しています。「**第二の案**」「**プランB**」などの表現もあります。
例文） 次善の策ではございますが〜

13

時間

朝いち
↓
○時○分と適切に示そう

「朝いち」は、その日の朝一番に行なうこと。「朝いちで資料を提出します」「朝いちでアポイントメントを入れました」などと言いますが、具体的に意味する時間は人によって様々です。

時計メーカーのシチズンが2006年に実施した調査によると、「朝いち」が指す時間の回答を平均すると「7時54分」という結果が出ました。男性は8時、女性は7時48分。20代は7時36分なのに対して、30代は8時12分と開きがあるのも興味深いところです。

企業によっては出社時間＝朝いちという共通認識ができている場合もありますが、取引先との間では認識が異なる可能性が大です。安易に「朝いちでそちらにおうかがいします」などと伝えるのは避け、「**午前9時におうかがいします**」などと時間を明確に指定するのが安全といえますね。

一両日中に　→　何日までに

「一両日」は、**1日または2日**のことで、特に今日と明日を指し、「一両日中に回答いたします」などと使います。ただ、ＮＨＫ放送文化研究所の調査（2006）によると、一両日を明日までと解釈した人が30代は70％に達したのに対して、60代以上は45％となっており、60代では明後日までと答えた人のほうが多かった（53％）という結果が出ています。行き違いを防ぐためには「一両日中に〜」は使わずに「**○日までに〜**」「**明日までに〜**」「**明後日までに〜**」と言うほうがよさそうです。

足かけ3年と丸3年

「足かけ」は、年・月・日を数えるときに始めと終わりにあたる端数の年・月・日をそれぞれ一とする数え方のこと。「入社して足かけ3年になります」という場合、12月から翌々年の1月(14か月)のこともあれば、1月から翌々年の12月(36か月)のこともあります。

これに対して、「**丸3年**」とは **3年後の同月同日**になったことを示しており、「**満3年**」も同様の意味で使います。

リードタイム

「リードタイム(lead time)」は**発注(受注)してから配送や納品までに要する時間**を表します。売り手としては、リードタイムをできるだけ短くすることで競合他社に対して優位に立つことができます。とはいえ、売り手がリードタイムを短くするために在庫を抱え過ぎると在庫のリスクも高まります。そこでリスクを抑えながらリードタイムを短くするために生産や流通のプロセスを見直して改善の努力をしているというわけです。

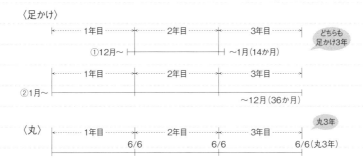

カタカナ語

コンセプト スキーム フェーズ

コンセプト

「コンセプト（concept）」は、もともとは新しい観点・着想による考えや主張の意味で使われていましたが、現在は、企画や広告・商品などで**全体を貫く統一的・基本的な視点や考え方**を表します。

概念、観念を意味する言葉でもあり、「コンセプチュアルアート（概念美術）」という言葉もあります。これは、作品そのものよりも制作のプロセスや作り手の着想などを重視する美術様式を指します。

例文） この企画のコンセプトは何かな？

スキーム

「スキーム（scheme）」は、計画、企画案のこと。ビジネスでは「**A社の再建スキームをつくる**」「**B製品の販売スキームは〜**」などと使います。計画と違う部分は、誰がどんな役割をするのかなど、仕組みが体系的につくられ、継続的であるところです。

なお、英語の scheme には、たくらみや陰謀のほか、公共計画といった意味があります。

例文） 今回のスキームはどうしようか？

フェーズ

「フェーズ（phase）」は、ギリシア語の phasis（星の出現、月の位相）を語源とする言葉で、段階や局面を意味します。

プロジェクトなどを段階に区切って説明するときに「フェーズ1（第一フェーズ）では…」などと使います。感染症の流行を段階で表すときにも使われているので、一度は耳にしたことがあるのではないでしょうか。

ビジネスでは「**ステップ（積極的に推し進めるときの一区切り）**」「**ステージ**」なども同様の意味でよく使われています。

寺田寅彦（1878〜1935）の『備忘録』の中に「炎がやんで次の火花のフェーズに移る迄(まで)の短かい休止期（ポーズ）が」という使用例があります。

例文） それは次のフェーズで検討しよう。

カタカナ語

マター　タスク

マター

「マター (matter)」は事柄、問題を表します。今は**案件、担当するべき仕事**といった意味合いで使われ、個人名や組織の後につけ「この数字は営業部マターです」などと表現します。

例文) それについては鈴木さんマターで進めてください。

タスク

「タスク (task)」は、中世ラテン語の tasca (領主から課せられる税金または労働) を語源に持つ言葉で、仕事、任務、課題という意味の言葉。コンピュータで行なう作業の一つの単位も示します。ビジネスでは仕事や作業の意味で使われ、「**タスク管理**」は、業務管理を意味します。

類語の「**プロジェクト**」「**TODO**」などと比較すると、一つのプロジェクトの中に複数のタスクが含まれ、さらにそのタスクの中で細分化した TODO がある、といったイメージです。

また、「**タスクフォース**」は、特定の業務遂行を目的とする臨時の組織のことで、「プロジェクトチーム」と同じような意味で使われます。コンピュータで複数の処理を同時に実行する「**マルチタスク**」は今は人間の仕事になぞらえて表現されています。

例文) マルチタスクで仕事をすると疲れるね。

カタカナ語

フィックス
ブラッシュアップ
ロジック

フィックス

「フィックス (fix)」は、**固定すること、定着させること、修繕すること**という意味。そこから転じて、ビジネスでは日時や場所、価格、仕様などを決定することという意味があります。

例文) スケジュールをフィックスさせます。

ブラッシュアップ（磨き上げる）

「ブラッシュアップ (brush up)」は、磨きをかけること、能力や技術を向上させること、といった意味です。**「改善する」に近いニュアンス**です。

例文) プレゼンの資料、ずいぶんブラッシュアップされたね。

ロジックをつくる（論理的な筋道を立てる）

「ロジック (logic)」は、論理、論法のこと。論理学という意味もあります。「もっともらしいロジックを用意しておく必要がある」など、**「論理的な説明」や「言い訳」に近いニュアンスでも使われることがあります**。

例文) あまりに単純なロジックだ。

カタカナ語

アジェンダ レジュメ サマリー エビデンス オルタナティブ

アジェンダ

「アジェンダ (agenda)」の語源は、ラテン語の agendum (なされるべきこと)。**予定案、議事日程、行動計画**という意味のほかに、「検討すべき課題、議題」を表します。

「会議のアジェンダをまとめて」と言われたら、その日話す議題をまとめます。

レジュメ

講演など人前で話すときに、**その日の資料としてまとめて聴講者に渡すもの**。もしくは論文の内容をまとめたものを指します。

サマリー

日本語で「要旨」「要約」を指すため、レジュメと似た部分もありますが、「サマリー」は**聴講者に配るものに限定されません**。

エビデンス

論文などにも使われる言葉です。

「エビデンス（evidence）」は証拠や根拠を表す言葉。法律用語としては証拠、証拠物件、証言という意味で用いられますが、日本では主に実験の結果や発言の根拠を指す言葉として使われます。特に医学の分野で、ある治療法が選択される科学的な根拠、臨床的な裏付けを指し「**エビデンスを示してください**」などと表現することがあります。

近年、医療情報サイトが不正確な情報を発信していたとして閉鎖に追い込まれたニュースがありました。これなどは、エビデンスがない情報を発信していたことが問題視された例です。

オルタナティブ

「オルタナティブ（alternative）」は、二者択一、代案、代替物を示す言葉。特に**既成・慣行のものに代わって選び得る新しい選択肢、代替案**という意味で使われます。たとえば、新しい教育方針とカリキュラムのもとで教育している学校を「**オルタナティブ・スクール**」と言い、「**オルタナティブ投資**」は、株式や債券など伝統的な投資対象以外の、ヘッジファンド、プライベートエクイティ（未公開株）などへの投資を指します。

18

カタカナ語

コミット
アサイン
アテンド
アライアンス

コミット（全面的にかかわる）

「コミット（commit）」は、何かをしようと約束すること、深くかかわることの意味。「コミットする」というと、密接なかかわりを持つ、責任を持ってかかわるというニュアンスが生まれます。「結果にコミットする」という表現には、結果に深くかかわるという意味があることになります。

言質、公約という意味の「**コミットメント（commitment）**」という言葉も使われます。

「われわれがコミットするからには結果は保証します」などと使われます。

アサイン（任命する）

「アサイン（assign）」は、as-（…に）+sign（しるしをつける）から成立する言葉で、**割り当てる、任命する**などの意味があります。
例文） このプロジェクトに○○さんをアサインしてください。

アテンド（案内役になる）

「アテンド（attend）」は、**世話をする、接待する**という意味で、キャビンアテンダントのアテンダントも attend に由来する言葉です。アテンドは、以前は特に、日本に来た外国人を接待するときに使われていましたが、今は特別なお客様の世話役、案内役といった意味でも用いられます。

例文） 今日の米国本社からのお客様のアテンドは誰の担当？

アライアンス（提携する）

「アライアンス（alliance）」は、企業間の連携や協調行動、同盟関係を指します。広く、買収や合併を含んだ提携全般を意味し、M＆Aよりもゆるやかな連携を指します。

例文） A社とアライアンスを組んで事業をはじめる。

カタカナ語

ボトルネック
リソース
リスク
イノベーション

ボトルネック

「ボトルネック (bottleneck)」は、あるプロジェクトを進める上での**障害**を示す言葉です。

文字通り「瓶の首」を指し、瓶を逆さにしたとき、この首の部分に妨げられて、中身が一度に流れ出ないことから、狭い通路、交通が渋滞する地点を意味するほか、円滑な進行を妨げる要素、障害といった意味で使われています。

ビジネスでは「長時間労働が採用にあたってのボトルネックとなっている」などと使い、単に「ネック」とも言われます。

例文）ボトルネックを解消して、業務改善を行なおう。

リソース

「リソース (resource)」は、ラテン語の resurgere（よみがえる）を語源に持つ言葉で、**資源や資産、算段**などを意味します。「限られたリソースで成果を出さなければならない」「リソースを確保してプロジェクトを構築する」などと使います。文脈によっては、人員や予算といった特定の意味で使われることもあります。

例文）新しいことをやりたいんだけど、リソースがなくて。

リスク

「リスク (risk)」は、もともと「絶壁の間を航行する」という意味を持つイタリア語の risco（危険に陥る）を語源とする言葉。危険や恐れ、冒険といった意味があります。

ただし、ビジネスにおいては、単に「危険」を表すのではなく、「**予想通りに利益が上がらなかったり、損失が出たりする可能性**」を指します。「**その投資はリスクが大きい**」「**リスクを考えて判断する必要がある**」というフレーズのほか、「**リスクヘッジ**（損失を回避することを意味する和製語）」「**リスクマネジメント**（様々な危険を最小限に抑える管理運営方法）」といった言葉もしばしば用いられます。

イノベーション

「イノベーション (innovation)」は、刷新や革新、新機軸を表す言葉。特に、**経済発展の機動力となる技術革新**を指します。もともとはオーストリア生まれのアメリカの経済学者シュンペーター（1883～1950）が唱えた概念であり、発明を軸に、新しい生産方法が採用され、新しい市場が開拓され、新しい組織がつくられ…という経済活動のすべての領域で見られる従来とは異なる新しい手法のことを指しました。

内閣府の「イラストで見る20のイノベーション代表例」には、「就寝前に飲むと、朝には健康状態がわかるマイクロカプセル」などが紹介されています。

カタカナ語 20

インスパイア　リスペクト　メンター

インスパイア

「インスパイア（inspire）」は、鼓舞する、奮起させる、感激させるという意味があり、**一定の思想や感情を相手の心に吹き込むこと**を表します。「上司からの助言にインスパイアされた」などと使うこともありますが、特に感化、触発という意味合いで使われることが多く、「○○さんにインスパイアされて企画を考えました」などと用いられます。

「真似」「模倣」「後追い」といったネガティブに表現される状況を、ポジティブに言い換える文脈でもよく使われます。

例文） 今回の作品は、Aさんにインスパイアされてつくりました。

リスペクト

「リスペクト (respect)」の語源は、re (振り返って) +spect (見る)。そこから、**人としての価値を認めること、尊敬すること、敬うこと**という意味になりました。「私が最もリスペクトする上司です」などと表現します。

ちなみにリスペクトの反対語は「**ディスリスペクト** (disrespect)」。無礼、失礼という意味です。あまり耳慣れない言葉かもしれませんが、省略した「ディスる」という表現は、馬鹿にする、否定するというニュアンスで若者を中心によく使われるようになりました。

例文) もう少し先輩をリスペクトしなさい。

メンター

「メンター (mentor)」は、進路や生き方を決定する上で力を持つ**指導者、助言者**のこと。ギリシャ神話で、トロイ戦争に出陣するオデュッセウスが、子の教育を託した教師の名前のメントルが語源です。

企業では、新入社員などにつけて仕事を教える指導者を指すことが多く「私のメンターは○○課長です」などと言います。類似表現に「コーチ」「師匠」「先生」などがあります。

例文) 誰かメンターになる人を探すといいよ。

カタカナ語

ステークホルダー　クライアント

ステークホルダー

「ステークホルダー（stakeholder）」は、企業やその目的を取り巻く**利害関係者**のこと。株主、債権者、従業員、顧客、取引先、地域住民、取引金融機関、提携先、官公庁など、企業が事業を行なう上で配慮するべき関係者を総称しています。stake は掛け金の意味で、もともとステークホルダーは競馬の馬主の集まりを指していましたが、その後、広く利害関係者を意味するようになりました。

なお、「ストックホルダー」は、株主を指します。

例文） この件のステークホルダーは？

クライアント

「クライアント（client）」は、**依頼人、顧客、取引先**のこと。広告業界では得意先の広告主を指し、そのうちテレビ番組などの広告主をスポンサーと呼んで使い分けされています。

また、パソコン用語では、ネットワーク上でサービスを受ける側のコンピュータのことを言います。

例文） クライアントがこんな要求をしてきていますが…。

第7章

「訪問・宴会・手紙で使える」語彙力ノート

01

訪問

ごちそうになって恐縮ですが、そろそろ帰ります
↓
いただきだちで恐縮ですが、そろそろお暇(いとま)させていただきます

　誰かのお宅に招かれたり、パーティーなどで一人先に帰るときは、黙って帰るのではなく招待してくれた人への気遣いを示したいものです。

　「いただきだち（戴き立ち）」とは、ごちそうになってすぐその席を立つことです。何かの会合で食事だけしてすぐ帰るのは、相手にも他の参加者の方にも失礼な気がしますが、そうせざるをえないケースもあることでしょう。そんなときに使えるのが、「いただきだちで恐縮ですが」という言葉です。谷崎潤一郎の『蓼喰う虫』にも「いただきだちで甚(はなは)だ恐縮ですが」という言葉が出てきます。

もっと言い換え！

お暇(いとま)させていただきます

　「お暇させていただきます」の「お暇」には、仕事から解放することの意味があり、「お暇する」では退出すること、帰って行くことや休暇をとることなどを指します。「帰ります」というよりも、**スマートに聞こえる**表現ですね。なお、古くは奉公先をやめるときに「お暇をいただきます」、また、使用人をやめさせることを「**ひまを出す**」と言いました。会社で「お暇をいただきます」と言って、「会社をやめるのかな？」と思われないよう注意しましょう。

お名残惜しいですが（帰りたくないのですが、仕方なく）

「名残惜しい」には、過ぎ去る物事を長くとどめたい、別れがつらくて心残りであるという意味があります。招いてくれた人に「**楽しい時間で帰りたくないけれども、仕方なく**」というニュアンスが伝わる表現です。
例文） お名残惜しいですが、これで失礼させていただきます。

お粗末さまでした（ごちそうさまに返す言葉）

招かれた側ではなく、今度は招く側の言葉を紹介しましょう。

手料理をふるまい、相手から「ごちそうさま」と言われたときには、「お粗末さまでした」と返します。

「粗」は、おおまか、おおざっぱなことを表す字で、「末」は、大切でない部分、くずなどを意味する字。よって、「お粗末」は上等でないことを、謙遜、自嘲などの気持ちを伝える言葉です。「お粗末さま」は、相手に提供した労力や物を謙遜していう挨拶です。贈り物をするときの「つまらないものですが」とニュアンスは似ています。

なお、料理をつくっていない人が「お粗末さま」というのは違和感があります。

02

人を招く

気楽にしてくださいね
↓
心置きなくお過ごしくださいね

初めての場所に訪れると緊張する方も多いものです。

招いたお客様に、「気楽にしてください」という言葉をかけると、相手はほっとします。「気楽に」をよりスマートにした表現が「心置きなく」です。

「お心置きください」は何かに心を置いておくということで、注意を払ってくださいということです。「心置きなく」はそうした配慮や遠慮を取り払ってください、という意味になります。

もっと言い換え！

ゆっくりおくつろぎください

「くつろぐ（寛ぐ）」は、緊張を解くこと。平安時代には居場所がゆったりしているときなど、物理的に物が密着していなくて余裕がある状態を指していましたが、中世からはその緩みを心の余裕に置き換えて「安心する」などの意味で使われるようになりました。「心置きなく」よりも、**心身ともにゆったりするようなイメージ**がありますね。

どうぞごゆるりと

相手を敬って、その人にゆっくりとくつろぐように勧めるときに使います。「ごゆるり」は「御緩り」と書きます。「緩む」という字があり、これも緊張を解いてもらう言葉ですね。少し古い言葉ではあるのですが、**やわらかく上品な雰囲気**があります。

どうぞ気兼ねなく

「**気を遣う必要はありません**」という気持ちを伝えるときは、「どうぞ遠慮なく」「どうぞ気兼ねなく」という表現があります。「気兼ね」は、気を遣うこと。「心置きなく」と同じような意味になりますね。

03 人を招く

いただきもので失礼ですが
↓
おもたせで失礼ですが

　お客様からいただいたものを、その場で召し上がっていただくときに「おもたせで失礼ですが」と使います。「**いただいたものをすぐにお出ししてすみません**」という気持ちを伝える奥ゆかしい表現ですね。

　「おもたせ」は、お持たせ物の略。人が持ってきた贈り物、手土産のことを、持ってきた人を敬って言う言葉です。

　「おもたせで失礼ですが」と恐縮していますが、いただき物が生菓子のように日持ちしないものの場合は、むしろすぐに出すのがマナーです。

　ところで、本来はお土産をいただいた側が言う言葉ですが、最近では「おもたせにぴったりのケーキ」などと、お土産を持っていく側の言葉として使われることも増えています。

04

かしこまった席

ご記帳をお願いします
⬇
ご芳名(ほうめい)をお願いします

祝儀・不祝儀のときの言葉は、いざとなると出てこないことも多いでしょう。知らない言葉を見聞きすることも多く、うっかりマナー違反となることをすると、恥ずかしいものです。

「芳名」は、「名前」の敬語表現で、**相手の名前を敬う言葉**です。芳名の「芳」には、かぐわしいという意味のほかに、評判がよいという意味もあり、「**芳名を後世に残す**」といえば、名声を残すことを指します。

結婚式やあらたまった懇親会の招待状に書かれていたり、受付のところで「ご芳名をお願いできますか」などと言われることがありますね。

なお、招待状を返信する場合、ご芳名のところの「**ご芳」は消して返送します**。「ご」も「芳」も敬語表現なので、自分から差し出すときについていると違和感があります。

〈返信する場合〉

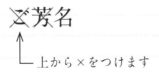

↑
└ 上から×をつけます

05

かしこまった席

自由にお話しください
→ ご歓談ください

　宴会の幹事を任されたけど、段取りがよくわからない。そんな人は、お決まりのフレーズを身につけておきましょう。

　まずは「ご歓談ください」。「歓談」は、打ち解けて楽しく話し合うこと。挨拶や乾杯などが終わったあと、自由に会話を楽しんでほしいというシチュエーションで使う言葉です。「**それでは、しばらくの間ご歓談をお楽しみください**」「**これよりご歓談の時間とさせていただきます**」などと使います。

もっと言い換え！

中締めにします

　「中締め」は、途中でひと区切りをつけること。宴会などで、終わり近くで一区切りをつけるために手締めなどをすることです。「**それではそろそろお時間も迫ってまいりましたので、○○様より中締めをしていただきます**」などと使います。

　手締めとは物事の決着や成就などを祝って、かけ声とともに拍子を合わせて手を打つこと。一本締め、三本締めなどがあります。

お開きにします

お開きは、婚礼などの祝宴、また一般の宴会などが終わること。「終わる」は印象がよくない言葉ですので、「忌み言葉（不吉だとして使うのを避ける言葉、またはその代わりに使う言葉）」として「お開き」が使われます。卒業式などの式典では「これをもちまして閉式といたします」ですが、結婚式では「**これをもちまして披露宴をめでたくお開きとさせていただきます**」がふさわしいですね。

乾杯と献杯の違い

「乾杯（乾盃）」は、杯（さかずき）のお酒を飲み干すことです。

特に宴会で、慶事や人の健康を祝して杯を差し上げて飲み干すことを意味します。

これに対して、「献杯」は、杯を相手に差し出して敬意を表すこと。そこから転じて、酒席で杯を差したり受けたりする杯事（さかずきごと）の意味も表すようになりました。

また、「献杯」は、特に目下の人から目上の人、またおもてなしをする人からお客様に盃を献ずる行為を指します。かつては、杯を相手に渡してお酒を注いでいたのですが、現在ではもっぱらお酒を注ぐだけとなっています。

なお、「献杯」には杯を**故人に捧げる意味**もあり、葬儀や法要の後に行なわれる会食をはじめるときには「乾杯」ではなく「献杯」をします。「乾杯」のときには、杯を上げてお互いに合わせたり、飲んだ後に拍手したりしますが、この場合の「献杯」の際には行なわないので注意しましょう。

お悔やみのとき

（お悔やみのときに励ます）
↓
お力落としになりませんように

お悔やみの言葉としてよく使われるのが「ご愁傷様です」「ご愁傷さまでございます」。「愁傷」は、人に死なれた嘆きや悲しみのこと。死者の近親者に対してお悔やみの挨拶に用います。

「力落とし」ががっかりして物事を行なう気力がなくなること。「**このたびは思いがけないことで、さぞお力落としでしょう**」などと「お力落とし」の形でお悔やみの言葉として使われます。

もっと言い換え！

ご冥福をお祈り申し上げます

こちらもお悔やみの言葉ですが、浄土真宗以外の仏教の信徒に対して使う表現です。「冥福」は死後の幸福のことですが、死者は死後すぐに極楽浄土に往生するものと考える浄土真宗の教義とは相容れないからです。故人の宗派がわからないときは、「**追悼の意を表します**」「**お悔やみ申し上げます**」が無難です。

いかばかりのお悲しみかと存じます

「いかばかり」は、「どれほどのことか」という強い気持ちが入る言葉です。
例文） いかばかりのお悲しみかと存じます。

招待状

ぜひ出席ください
↓
ご臨席いただきますようお願い申し上げます

改まった式典などへの招待状では、「ご出席ください」ではなく、「**ご臨席いただきますよう**」「**ご列席賜りますよう**」と表記します。かしこまった席など、いざというときにすぐ出てくるようにしておきたい言葉です。

もっと言い換え!

万障お繰り合わせの上、ご臨席賜りますよう

ぜひとも出席してほしいときの表現には「万障お繰り合わせの上、ご臨席賜りますよう」があります。「万障」はいろいろな差し障りや差し支えを意味し、繰り合わせは時間などをやりくりして都合をつけることですから、「万障お繰り合わせ」で**出席を強く願う気持ちを伝えます**。けれども、最近では、都合をつけるのは出席する側の問題だろうという考えから、「**何卒ご参列ください**」くらいでよいのではという論が見られます。

ご来臨ください　ご光臨賜りますよう

「来臨」も、「光臨」も、いずれも相手を敬って、相手が来てくれることを示します。ただし、「**ご親臨ください**」と使うのはNG。皇族、特に天皇陛下が儀式や行事などに出席する行為を意味します。

08

手紙の書きはじめに使う言葉

ご清祥のこととお喜び申しあげます

「清祥」は、相手が健康で幸福に暮らしていることを喜ぶ挨拶の言葉。「清」は清らか、「祥」は幸いを表します。

メールや手紙で、「**御清祥の段、大慶に存じます**」「**ご清祥のこととご拝察申し上げます**」などと使います。

もっと言い換え！

健勝・壮健（健康を喜ぶ）

相手が健康な様子を喜ぶ言葉としては、「健勝」「壮健」などがあります。「**ご健勝のこととお喜び申し上げます**」「**ご壮健で何よりです**」などの文例があります。「健勝」は、「健康」という言葉もあるように、体が丈夫で優れているという意味、「壮健」は一般的にも使われる熟語ですが、こちらも体が丈夫で元気なことを指します。

なお、相手が入院されているなどといった場合は、こうした挨拶文は使いません。すぐ「**お体の具合はいかがですか**」などと本題に入ります。

繁栄・盛栄(せいえい)(ビジネス)

ビジネスでは、商売繁盛につながる挨拶文を使いましょう。

商売などが盛んで繁盛していることを喜ぶニュアンスでは「**繁栄**」「**盛栄**」「**発展**」「**隆昌(りゅうしょう)**」があります。

「発展」「隆昌」は勢いが盛んであるというニュアンスで使われます。「**貴社ますますご盛栄のこととお喜び申し上げます**」など、企業あてに使うことが多い挨拶です。

「清栄(せいえい)」は、健康と繁栄をともに祝うニュアンスで使うことができます。

手紙

様　殿

　「様」は、人の氏名などに添えて敬意を表す言葉。室町時代から使われており、「殿」よりも丁重な表現とされてきました。源義経を中心に描いた軍記物語である『義経記』（室町前期から中期に成立とされる）に「若君さま御館の御子と産れさせ給ふも」と使われています。

　室町時代には「様」が最も高い敬意を表し、「殿」は「公」に続く三番目に敬意を示す言葉とされていました。「関白殿」「清盛入道殿」など、相当身分の高い人にも用いられていたのですが、江戸時代になると「様」の使用が増え、そこから転じた「さん」も使われるようになります。

　一方で「殿」から転じた「どん」は、商家などで奉公人に対して目上の人か同輩が使う呼称だったため、あまり普及せずに使われなくなりました。ただ、方言として敬意を示す地域もあり、九州南部では普通の人に対しても使われました。「西郷どん」の「どん」ですね。

　現在、「殿」は官庁などで使ったり、手紙などで下位の人への軽い敬称として使われたりします。ですので、**目上の人にあてた手紙で「○○殿」と書くのは失礼にあたります。**

手紙

突然で恐縮ですが
↓
卒爾ながら

　「卒爾」は、物事の起こるのが突然であること。「卒」には、にわかにという意味があり、「爾」は他の言葉の下について状態を表します。

　一般に「卒爾ながら」という慣用句で「**突然で失礼ですが**」という意味合いで使われます。手紙文で「突然ですが」に代えて使うと格調が高まります。

　兼好法師（1283 頃～ 1352 頃）の『徒然草』には「卒爾にして多年の非を改むることもあり（〈経文を読んで〉たちまちにして長年の間違いを改めることもある）」との用例があり、夏目漱石の『明暗』には「お秀は驚ろかされた人のやうに卒爾な質問をかけた」とあります。

　なお、「卒爾する」には、判断が不十分で軽々しい行動をすること、相手に失礼な行為をすること、という意味があります。

手紙

遅くなりましたが
↓
遅ればせながら

メールや手紙で連絡をしたかったのだけど、ちょっとタイミングを逸してしまった、というときに使える言葉です。

「遅ればせ（遅れ馳せ・後れ馳せ）」は、他の人より遅れてその場所にかけつけること。「馳」は走らせる、馬などをかけさせるという意味です。

遅くなった自分の行動を恐縮する表現として**遅ればせながら御礼申し上げます**のように表記します。

『平家物語』に「入善が郎等三騎、おくればせに来ておちあふたり」とあるのが初出とされます。ここで出てくる「入善」は、源氏の若武者である入善小太郎行重です。

もっと言い換え！

遅まきながら

「遅まき（遅蒔）」は、時節に遅れて種子をまくこと。そこから手遅れという意味になりました。こちらには、恐縮するというニュアンスはありませんので、「遅まきながら、○○をはじめました」など、主に自分が遅くなってしまったということを指します。

例文） 遅まきながら、私もLINEをはじめました。

12 手紙

幸いです
↓
幸甚(こうじん)です

ビジネスメールでは「〜していただければ幸いです」といった表現を頻繁に使いますが、うっかりすると「幸いです」だらけになってしまうことも、ままあるのではないでしょうか？

「幸い」は、自分にとって非常に望ましく、幸せに感じられる状態のこと。『万葉集』の時代には「さきわい」と言っていたものが変化した言葉です。「さきわう」はさかえさせるという意味の動詞であり、祝詞(のりと)などに見られます。時代はくだって、平安初期（10世紀頃）につくられた歌物語である『伊勢物語』に出てくるのが初出とされています。

手紙文では「幸甚(こうじん)です」という言い換え表現がよく使われます。幸甚は、非常にありがたいこと。平安初期に書かれた『続日本紀』に、すでに使われています。

13

手紙で御礼

心より御礼申し上げます
↓
衷心（ちゅうしん）より御礼申し上げます

御礼を強調したいとき「心より御礼申し上げます」などと書きますが、感謝の言葉をつなげると「心より」「本当に」「誠に」などの言葉がつながってしまうこともありますね。

この「心より」に代わる言葉に「衷心より」があります。

衷心は、心の中、本当の気持ち、本心を表す言葉。「衷」という漢字の中にある「中」は、もともと、中のほうに着るはだぎの意味があり、そこから転じてまごころを表すようになりました。「**衷心忸怩（じくじ）たるものがある**」は、「心の中で恥ずかしくてたまらない」ということですね。

「心から」という意味で副詞的にも使い、「**衷心より感謝いたします**」「**衷心よりお悔やみ申し上げます**」などと表現します。

もっと言い換え！

冥加（みょうが）に余ります

「冥加」は仏教からきた言葉で冥々（めいめい）のうちに受ける神仏の加護を表します。「**冥々のうち**」とは、「知らず知らずのうち」という意味ですね。「冥加に余る」は、冥加を過分に受けて、幸せ過ぎることを示します。

例文） ありがたいことです。　→　冥加に余ります。

手紙で御礼

ご厚誼を賜り、御礼申し上げます

　日頃から親しくお付き合いをしていただいていることに感謝の気持ちを伝えたいとき、「**ご厚誼を賜り、御礼申し上げます**」「**長年のご厚誼を感謝いたします**」などの表現を使うことがあります。

　厚誼は、深い親しみの気持ち、手厚いよしみを意味する言葉。「誼」という漢字の「宜」は、よろしいの意味であり、そこから、よしみやしたしみを表すようになりました。

　ところで、同じく「こうぎ」と読む言葉に類似表現がいくつかあります。「**高誼**」は、目上の人から受ける並々ならぬ深い思いやり、親しい交わりを意味します。そして「**好誼**」は、相手の好意に基づいた親しい付き合いという意味で使われます。「**交誼**」は、友人としての親しい付き合いという意味です。

　「いつもありがとうございます」でもいいのですが、何に対しての感謝なのかが明確になり、改まった印象になります。

厚誼	深い付き合い
高誼	目上の人からの深い思いやり
好誼	相手の好意に基づいた付き合い
交誼	友人としての付き合い

手紙で御礼

ご配慮をありがとうございます
⬇
ご厚情(こうじょう)、痛み入ります

「厚情」は、親切や厚い情けという意味があります。広く相手から受けた親切全般を指して使われます。

「格別のご厚情を賜り、厚く御礼申し上げます」などと書きたいところですが、1文に「厚」が二度も出てくるのは考えもの。そこで、「衷心」（208ページ）を使い、「**格別のご厚情を賜り、衷心より感謝申し上げます**」などと書くとスマートですね。

もっと言い換え！

ご温情(おんじょう)　ご恩情(おんじょう)

「ご温情」は、文字通り温かで情け深い心を意味します。そのため**ビジネスを離れた人間関係**で使われることが多い言葉です。「ご恩情」は、先生や両親などに対して使うケースが多いです。
例文） これまで頂戴したご温情に、心より感謝いたします。

お心配(くば)り

「心配り」はあれこれ気を配ること。「**このたびは格別のお心配りを賜り、ありがとうございます**」などと表記します。

お心遣いとお気遣い

相手から何らかの配慮を受けたとき、御礼の手紙に「**日頃は温かいお心遣いをいただきまして、ありがとうございます**」「**○○様のお心遣いに、心から御礼申し上げます**」などと書くことがあります。

「心遣い」は、いろいろ細かく気を遣うこと、相手のためになるようにと、思いやりの心を働かすことです。

一方で、「気遣い」には、同じく気を遣うことという意味がありますが、「人に怪しまれる気遣いはない」などと表現されるように、心配、懸念という意味でも使います。

お心尽くし

「心尽くし」は、相手のために心を込めてすること。「心尽くしの品」「心尽くしの手料理」「心尽くしのおもてなし」などと名詞に添え、「**このたびはお心尽くしの品を賜り、誠にありがとうございます**」など使います。「心ずくし」と書くのは誤りです。

お心入れ

「心入れ」は、心遣い、心遣いによるはからいを意味します。「**お心入れの贈り物、誠にありがとうございます**」などと言います。

16

手紙で仕事の上での御礼

いつもありがとうございます
↓
いつもお引き立ていただき、ありがとうございます

仕事でいつもお世話になっている取引先、上得意の顧客に対して、「いつもありがとうございます」と感謝の気持ちを伝えるとき、「いつもお引き立ていただき、ありがとうございます」という表現があります。「引き立て」は、人を重んじて特別に挙げ用いること。特に目をかけること、ひいきにすることです。

もっと言い換え！

ご愛顧(あいこ)いただきありがとうございます

「ご愛顧いただきありがとうございます」は、得意先というよりも、**広くお客様向けに使える言葉**です。もともと「愛顧」は商人や芸人、目下の人をひいきにして引き立てることを意味します。「御愛顧を賜り光栄に存じます」などの表現も使いますが、「御愛顧を承り…」は誤用です。

手紙

久しぶりです
↓
久方ぶりでございます

長く会っていなかった人へ「お久しぶりです」と挨拶するときの、やや改まった表現に「**久方ぶりでございます**」があります。同僚に対しては「**しばらくです**」などの表現も使います。

もっと言い換え！

ご無沙汰しております

長く訪問しなかったり、連絡しなかったりすることを**詫びるニュアンス**で頻繁に使われるのが「ご無沙汰しております」「すっかりご無沙汰しております」「ご無沙汰ばかりで申し訳ありません」などです。「ご無沙汰」は、「無沙汰」の謙譲語。『平治物語』(鎌倉前期)に「公私の忩劇に思ひわすれ、今も無沙汰なり」とあるのが初出とされます。

久しくご無音に打ち過ぎました

長い間便りなどをしないことの意味である「無音」を使った、「**久しくご無音に打ち過ぎました**」などの表現も知っておきたいですね。

手紙

お元気ですか？
↓
つつがなくお過ごしですか？

　「お元気ですか」と手紙にしたためることがよくありますが、これに代わる表現に「つつがなくお過ごしですか」があります。

　「つつがない（恙無い）」は、**健康である、無事である**ことを示します。「恙」という漢字の「羊」は痒に通じ、病む、憂うという意味を持ちます。

　文部省唱歌である「故郷(ふるさと)」（高野辰之作詞）に「如何(いか)にゐます父母、恙(つつが) なしや友がき」という歌詞があります。「父と母はどうしていらっしゃるのだろう。友人たちは元気に過ごしているだろうか」といった気持ちを表しています。「友がき」は「友垣」と表記し、友だちの意味です。友だちと交わりを結ぶことを「垣を結(ゆ)う」ことにたとえた言葉です。

手紙

直接お会いして御礼申し上げるところ
↓
拝眉(はいび)の上御礼申し上げるところ

直接会って御礼したいけれど、それがままならず、メールや手紙で感謝の気持ちを伝えることになった。

そんなときに、「**拝眉の上御礼申し上げるところ、略儀ながら書面をもって御挨拶申し上げます**」などと書くことがあります。

「**拝眉**」は、相手に会うことをへりくだっていう言葉。「**拝顔**」「**拝面**」などの類語があります。

「拝眉」を使うのが仰々しく感じられるような相手の場合は、「**本来ならば、お目にかかって御礼申し上げるところ〜**」などとするのもよいでしょう。「お目にかかる」は会うの謙譲語である慣用表現です。

もっと言い換え！

略儀(りゃくぎ)ながら

こちらも手紙などでよく見ます。「略儀」は、**正式の手続きを省いて簡略にした方式**を表します。手紙では「略儀ながら〜」というフレーズでよく使います。
例文）略儀ながら御礼申し上げます。

20 手紙

お体を大切に
↓
ご自愛(じあい)ください

　手紙の末文で使われる表現の筆頭が「ご自愛ください」。「自愛」は、自分を大切にすること、体に気をつけることを表す言葉で、「お体を大切に」といった意味で使われます。

　時候に関する言葉を前につけて**「酷暑の折、ご自愛くださいませ」「季節の変わり目ですから、くれぐれもご自愛ください」**、忙しい相手には、**「ご多忙のところと存じますが、ご自愛ください」**などとして、相手を気遣います。

　目上・目下・男女問わず使えますので、便利なフレーズです。

　しかし、意外と誤用が多いのも、この言葉。

　たとえば、「お体をご自愛ください」という書き方をする方がいますが、「自愛」にすでに「自分の体を大切にする」という意味がありますので、「お体を」は不要です。もし、「体」に関する言葉を入れたいのであれば、**「くれぐれも御身(おんみ)お大事に」**などとするとよいでしょう。

　また、「ご慈愛ください」とも間違えやすいです。「慈愛」は、親が自分の子どもに対するような深い愛を意味し、「お体を大切に」というニュアンスは含まれません。

　なお、手紙を送る相手が病気の場合は、「ご自愛ください」は使わず、**「1日も早い回復を願っております」**などとします。

手紙

敬具
↓
かしこ　あらあらかしこ

「かしこ」は、「恐れ多く存じます」の意味で、手紙の結びにつけて相手に敬意を表す言葉です。「かしこまる」をイメージしてもらうと、わかりやすいかもしれません。

もともとは男女ともに使っていましたが、現在では女性が使う言葉とされています。

室町時代後期の公家、三条西実隆（さんじょうにしさねたか）による日記『実隆公記（さねたかこうき）』の明応5年（1496）の記述の中に、姉小路基綱の手紙の文末に「かしこ」と使われているのを記述しているのが確認されています。

平安時代中期から「あなかしこ」の形で使われていましたが、中世になって「かしこ」だけで用いられるようになり、「かしく」も見られるようになりました。

類語に「あらあらかしこ」がありますが、この「あらあら」は「粗粗」のこと。**「行き届かない書き方で恐縮です」**のニュアンスが伝わり、「かしこ」よりも丁寧な表現です。

なお、「拝啓」→「敬具」、「前略」→「草々」などと、通常、結びの言葉は出だしの言葉（頭語）と組み合わせになっていますが、「かしこ」「あらあらかしこ」はどんな頭語でも使えます。

22 表書き

寸志　厚志　芳志
（すんし　こうし　ほうし）

　封筒や贈り物の「のし」などに、「寸志」「厚志」という言葉が書かれているのを見たことはないでしょうか？

　こちらも実はマナーがあります。

　「寸志」は、「少しばかりの金品・贈り物」という意味の謙譲語です。お世話になった人への御礼や感謝の気持ちで渡すものに対して、へりくだって使う言葉です。

　会社では、宴会に出ない目上の人が幹事に「心づけ」として渡したり、結婚式などでお手伝いをしてくれた人に新郎新婦から渡したり、という場面が見受けられます。会社の資金がなく、ボーナスが出せないときに「寸志」が出るという、あまりありがたくないケースもあるようです。

　葬儀などの返礼の品につける「志」と間違わないようにしましょう。

　一方、「厚志」は、人に対する思いやりの深い気持ちであり、「厚情」（210ページ）と同じ意味合いで使われます。歓送迎会や忘年会などで、主賓が参加費の代わりに幹事に渡すときのお金を「厚志」と呼ぶことがありますが、感謝の気持ちから渡すものに使います。

　気を付けたいのは、送別会や結婚式などの幹事になっている場合です。「寸志」と封筒に書いてあったからといって、「寸志をいただきました」とは言わず、「**〇〇さんから、ご厚志をいただきました**」というのが正しいです。「寸志」はあくまで謙譲語です。

同じ「志」がつく言葉に「**芳志**」もあります。こちらは、他人を敬って、親切な心遣いを指した言葉です。「御芳志に感謝申し上げます」「御芳志を賜り深謝いたします」などと使います。類語に「芳情」「芳心」があります。いずれも「御」をつけて「**御芳情に感謝申し上げます**」「**御芳心を賜りありがとうございます**」などと表現します。

　下にまとめておきます。

> **寸志**……自分の志をへりくだって言う言葉。ささやかな志や思いやり。少しばかりの贈り物・金品
> **厚志**……思いやりの気持ちを言う言葉。感謝を込めて渡す品
> **芳志**……人の親切な心遣いを言う言葉

23

電話

もう一度繰り返します
⬇
復唱いたします

　後々のトラブルを防ぐために、繰り返して言うことで、確認をする場面がたびたびあります。

　電話などで相手が話した内容を確認する場合は、「もう一度繰り返します」という表現がありますが、繰り返し口頭で確認するわけですから、「復唱いたします」のほうがスマートですね。たとえば電話で相手のメールアドレスを聞いたときは、「**復唱いたします。……@……co.jp ですね**」などと確認することが大切です。

第8章

センスが伝わる「季節の言葉」ノート

01

春

春めいてきました

　手紙の冒頭には、よく季節の挨拶を入れます。四季折々の言葉が入ると、感性の豊かさが伝わるものです。この章では季節の言葉を紹介します。

　春らしいあたたかい気候になったとき「風が春めいてきましたね」などと言います。「春めく」は、春の気候らしくなること。「早春」などと同じく春の息吹を感じはじめる時期の言葉ですが、より春らしくなった時期（2月後半から3月初め頃）を言います。「**一雨ごとに春めいてきました**」などと使います。

うららか　麗日（れいじつ）

　空が晴れて日がのどかに照っている様を「うららか」と言い、多く春の日に使われます。「**うららかな日よりですね**」などと言います。
　春のうららかな日を意味する「麗日（れいじつ）」という言葉もあります。いずれも春の日の心地よさが感じられる言葉です。
例文） うららかな春の日ですね。

春暖の候

　春の暖かさを手紙文などでかしこまって使う表現が「春暖」。「春暖の候」などと挨拶の書き出しに使われます。

　春の終わりかけは「**晩春**」「**暮春**」などと言い、春が過ぎ去るのを惜しむ「**惜春**」という言葉もあります。過ごしやすい春ならではの言葉であり、夏や冬は「惜しむ」とは言われません。

例文） 晩春の候

花笑み

　花が咲くこと、つぼみがほころぶこと。笑むにはもともと「咲く」という意味もありました。今は、花が咲くような笑顔についても言われます。

例文） 新婦の花笑みが目に浮かぶようです。

余寒　春寒　花冷え

　立春（2月5日頃）を過ぎて暦の上では春になっても、実際にはまだまだ寒い日が続きます。そんな寒さのことを「余寒」と言い、「余寒がなお厳しい」などと表現します。立秋が過ぎたあとの暑さを「**残暑**」と呼ぶのと対応した言葉でもあります。

　これに対して「春寒」は、春になってからぶり返す寒さのこと。春だけれども寒い、つまり「すでに春になっている」という気持ちが強い言葉といえます。「春寒」は、手紙の書き出しや俳句でもよく使われます。「花冷え」も花が咲く頃に急に寒くなるような日の寒さのことを言います。

例文） 余寒厳しき折から　春寒の候　今日は花冷えだね。

02 花

桜狩り

桜にまつわる言葉はたくさんあります。花見をすることは「**観桜**(かんおう)」とも言い、桜の花を訪ね歩いて鑑賞するというニュアンスで使われるのが「桜狩り」という言葉です。

「狩り」は、もともと訪ね歩くという意味で、桜の花を見て回る、という意味になりました。「お花見」というよりも、やや雅なイメージのある言葉です。「桜狩りに行きましょう」などと使ってはいかがでしょうか。秋の紅葉鑑賞は、「紅葉狩り」と言います。

もっと言い換え!

花明かり　花の雲

桜が満開で、夜でも花の咲いたあたりがほのかに明るいことを「花明かり」と言います。爛漫(らんまん)と咲く桜を、雲がたなびく様子にたとえた「花の雲」という言葉も叙情性があります。

桜吹雪(さくらふぶき)

「桜吹雪」は、吹雪のように乱れ散る桜の花を言い表す言葉。散る花びらを屑にたとえた「**花屑**(はなくず)」、埃にたとえた「**花埃**(はなぼこり)」、こぼれ落ちる桜を意味する「**零れ桜**(こぼれざくら)」という言葉もあります。

花筏 (はないかだ)

桜の花が散って、水面に浮かんで流れるのを筏に見立てた言葉。散った花びらが水面に浮く様を浮き橋に見立てた **「花の浮き橋」** という言葉もあります。

花霞 (はながすみ)

満開の桜の花が、遠くから見ると一面に霞がかかっているように白く見える様。

花疲れ

花見に行って心身ともに疲れること。歩いて疲れること、人出の多さにストレスを感じて疲れることも含みますが、美しい花に圧倒された気疲れといったニュアンスも含み、**花見の余韻を感じさせる趣 (おもむき) のある表現**といえます。

山笑う

晩春から初夏にかけて、芽吹きはじめた新緑や花などで華やかに包まれる春の山を、人が笑う様子に見立てて、「山笑う」と表現します。もとは、中国四川省の山水画家郭熙 (かくき) が使ったものと言われます。ちなみに冬は **「山眠る」** です。擬人化された山に親しみが持てそうな言葉ですね。

03 夏

風薫る

　初夏に、若葉の緑を通して吹いてくる南の風を「**薫風**(くんぷう)」「**風薫る**」などと言います。これに対して、より強く激しい風を意味するのが「**青嵐**(あおあらし)」。南風と同じ意味で清涼な風をイメージさせますが、初夏の蒸した空気も感じさせる言葉でもあります。

　この時期は暑い夏に向かうことから「**向暑**(こうしょ)」と言い、手紙文でも「**向暑の候**」「**向暑のみぎり**」などと書き出します。

もっと言い換え！

草いきれ

　夏、太陽に強く照らされた草の茂みから起こる、むっとするような熱気。日射が強く、風がないとき、草の葉の温度は気温より5度以上高くなり、葉から蒸散(じょうさん)も盛んになるため、起こる現象です。
例文）草いきれのする野原を歩きました。

入梅(にゅうばい)

　太陽暦の5月5日頃を「**立夏**(りっか)」と言い、暦の上では夏となります。「入梅」は梅雨の季節に入ること。太陽暦の6月11日頃にあたりますが、地域や年によって梅雨入りの日は異なります。
例文）こちらは入梅になりました。

半夏生(はんげしょう)

6月21日頃、北半球では昼の時間が最も長い夏至(げし)を迎えます。この夏至から11日目、7月2日頃は、半夏という薬草が生える時期であることから「半夏生」と言い、農家では田植えの終わりの時期の目安としてきました。

小暑(しょうしょ) 大暑(たいしょ) 酷暑(こくしょ) 極暑(ごくしょ)

夏至から15日目を小暑と言い、ここから暑さも本格化して暑気に入ります。そして夏の激しい暑さを「大暑」、「酷暑」、「極暑」などと表現します。太陽暦では7月22日頃にあたります。

立秋の前18日を夏の「**土用**」と呼び、土用の丑(うし)の日に鰻を食べると夏負けしないとされています。

猛暑日(もうしょび)

最高気温が35度以上の日。気象庁で2007年から天気予報などで使うようになりました。ちなみに、最高気温25〜29度の日を「**夏日**」、30〜34度の日を「**真夏日**」、夜間の最低気温が25度以上の日を「**熱帯夜**」と言います。

例文) 記録的な猛暑でアイスクリームが飛ぶように売れています。

秋

秋簾(あきすだれ)

　暦の上では秋がはじまったものの、暑さは残っていて、夏の間日よけとして使っていた簾(すだれ)をまだ吊っている。これを「秋簾」と言います、簾に、行く夏を惜しむ気持ちを込めた「簾名残(すだれなごり)」という言葉もあります。

二百十日(にひゃくとおか)

　立春から210日目にあたる9月1日、2日頃は「二百十日」と呼ばれます。古来、台風が襲来する時期にあたり、農家にとっては厄日とされてきました。この二百十日とともに、やはり警戒されるのが「二百二十日(はつか)」。立春から数えての220日目で9月11日頃にあたります。

草紅葉(くさもみじ)

　秋が深まると、落葉樹の葉が色づき「紅葉(こうよう)」の季節を迎えます。特にカエデなどの葉が赤く色づくものを「紅葉」、イチョウなどが黄色く色づくものを「黄葉」と使い分けることもあります。また、木々だけでなく野の草も色づき、これを「草紅葉」と言います。

社日 (しゃにち)

　春分・秋分に最も近い戊(つちのえ)の日を社日と言い、秋には収穫のお礼参りをする習わしがあります。

落葉船 (おちばぶね)

　水面に落ちて浮かんでいる木の葉を船にたとえて言う言葉です。

秋分 (しゅうぶん)

　太陽暦では9月23日頃、秋の彼岸の中日にあたる日を「秋分」と言います。昼夜の長さがほぼ等しくなります。

立秋 (りっしゅう)

　暦の上で秋がはじまる日を「立秋(りっしゅう)」と言います。

05 冬

冬隣(ふゆどなり)

冬の厳しく暗い気配が近づいている晩秋の候を「**冬隣**」と言います。冬の季語ですね。

太陽暦の11月7日頃を「**立冬**(りっとう)」と言い、ここから冬がはじまります。

寒の季節に入ることを「**寒の入り**」「**小寒**(しょうかん)」と言います。

そして冬が深まってくると、気温が0度未満である「**真冬日**」になることもあります。寒さの厳しい冬、特に寒さの厳しい頃を「**厳冬**(げんとう)」と言うのに対して、平年より暖かい冬を「**暖冬**(だんとう)」と言います。さらに、一番寒い時季を「**大寒**(だいかん)」と言い、寒が明けて立春になる「**寒明け**」を迎えます。

冬ざれ

冬が本格的に訪れ、冬の荒れ寂れた様子が「**冬ざれ**」です。冬の季節になるという意味の「冬さる」がもととなった言葉です。

小春日和
<small>こ はる び より</small>

　小春とあるので、春と勘違いされることもありますが、初冬の頃のよく晴れて暖かい日よりのことです。太陽暦では11月から12月上旬に相当する時期です。同じような陽気を英米では「**インディアンサマー**」と言います。

文例） 今日は小春日和ですね。

冬至
<small>と う じ</small>

　太陽の黄経が270度に達し、北半球では正午時点での太陽の高度がいちばん低く、昼が最も短いとき。この日には、ゆず湯に入り、カボチャを食べる風習があります。

薄氷
<small>うす らい</small>

　春先になり、非常に薄く張る氷のこと。溶け残った薄い氷のことも意味します。

06 雨

篠突く雨
しのつくあめ

雨が激しく降る様を形容した言葉が「篠突く雨」です。「篠突く」は、篠竹（しのだけ）を束ねて突き落とすように激しく飛んでくる、という意味です。「昨晩は篠突く雨でした」などと使います。

激しい雨を意味する言葉には「**豪雨**」「**土砂降りの雨**」などもあります。土砂降りは、大粒の雨が激しく降るというニュアンスがあります。「どしゃ」は「どさくさ」の「どさ」から来ていて、めちゃくちゃな雨が降っている様を表しています。

もっと言い換え！

糠雨（ぬかあめ）

霧のように細かい雨。量が少ない雨。細かな雨を「糠」にたとえた表現です。「**小雨**（きりさめ）」「**霧雨**（こぬかあめ）」「**小糠雨**」などと同じですが、「**小雨**（しょう）」は文章語として使います。

同じく細かい雨でありながら煙のように降る雨を「**煙雨**（えんう）」、ほんの少しだけ降る雨を涙にたとえた「**涙雨**（なみだあめ）」もあります。

慈雨（じう）

待たれていた雨。日照り続きのあとに、ほどよく潤いをもたらす雨のこと。「**干天の慈雨**（かんてん）」という言葉もあります。

淫雨（いんう）

　長い間降り続く雨、長雨のことを「淫雨」と言います。「淫」には過度、はなはだしいという意味があり、雨が降り過ぎていることを表現する言葉となっています。

　なお、「淫雨」と同じ読みである「**陰雨**」という言葉もあり、いつまでも続く陰気な雨のことを指しています。

村雨（むらさめ）　驟雨（しゅうう）

　急に降り出してたと思ったらやみ、強くなったり弱まったりしながら不規則に降る激しい雨というニュアンスがあるのが「**村雨**」「**驟雨**」「**白雨（はくう）**」といった言葉です。「村雨」は、「叢雨」、「群雨」などとも書きます。

　特に、初冬に断続的に降ったりやんだりする雨のことは「**時雨（しぐれ）**」と言います。

狐の嫁入り

　日が照っているのに、小雨が降ること。「**天気雨**」の類語が「狐の嫁入り」です。狐に化かされていると勘違いしたことから、こんなユニークな呼び方になったという説があります。

氷雨（ひさめ）

　晩秋や初冬などに降る、みぞれに近い冷たい雨。もともとはひょうやあられを指していました。

8　センスが伝わる「季節の言葉」ノート

07 雪

淡雪(あわゆき)

春に降る、やわらかくて、薄く降り積もってすぐに消えてしまうような雪のこと。まったく同じ読みの「**泡雪**」は、泡のように柔らかく消えやすい雪であり、別の言葉です。

なお、薄く積もった雪は「**帷子雪**(かたびらゆき)」「**だんびら雪**」などと言われることもあります。

綿雪(わたゆき)

同じく春になってから降る雪が「綿雪」。綿をちぎったような雪片(せっぺん)の大きな雪を表します。雪片が大きくなるのは、溶けかかった結晶がお互いに密着しやすくなるからです。さらに大きな塊(かたまり)になって降る雪を「**牡丹雪**(ぼたんゆき)」と言います。牡丹の花びらのように降るからという説と、ぽたぽたした雪から来ているという説があり、「**ぼた雪**」とも言われます。

はだれ雪

はらはらとまだらに降る雪のこと。また、薄く降り積もった雪。「**はだら雪**」「**まだら雪**」とも言います。

粉雪(こなゆき)

「粉雪」は気温零下15度以下の寒さが厳しいときに降る、さらさらして細かい粉状の雪のこと。「牡丹雪」とは対照的な雪です。

軽くて乾いている雪なので、スキーをする人たちが「**パウダースノー**」などと言って好む雪でもあります。

粉雪は一般的な会話でよく使われるのに対して、文章語として使われるのが「**細雪**(ささめゆき)」という言葉。こまかに降る雪のことであり、谷崎潤一郎の作品名としても有名ですね。

風花(かざはな)

冬の青空にちらつく雪のこと。風に舞い散る花にたとえた言葉です。多くは風上の降雪地で降った雪が風に送られて、まばらに飛んでくることで見られます。寒さが厳しい北西からの季節風が強い晴れの日に、山の風下の土地で見られることがよくあります。群馬県では、「**吹越**(ふっこし)」と呼ばれています。

名残の雪(なごりのゆき)

春になって降る最後の雪を「名残の雪」「雪の名残」と言い、春先まで消え残っている雪も意味します。最後に降る雪という意味では「**雪の果て**」という言葉もあるほか、雪の終わりに思いを寄せた言葉として「**別れ雪**」「**忘れ雪**」「**雪の別れ**」などもあります。

こうした雪の終わりは、陰暦2月15日、釈迦の入滅を追悼して行なう涅槃会(ねはんえ)の前後であることから「**涅槃雪**」「**雪涅槃**」という言葉もあります。

08 朝

朝まだき

夜がまだ明けきらずに、薄暗い頃。つまり早朝の頃を「朝まだき」と言います。「まだき」はその時間にはまだ早いという意味です。同じような時間帯を指す言葉が「暁(あかつき)」。古くは夜半過ぎから夜明け近くのまだ暗い頃を意味しましたが、現在では、明け方のやや明るくなった頃を表します。

「曙(あけぼの)」は、夜がほのぼのと明けはじめる頃、暁の終わり頃とされています。さらに、その後に来るのが「朝ぼらけ」。朝がほんのりと明けてくる、空がほのかに明るくなる頃です。

「未明(みめい)」も夜がまだすっかり明け切らない時間のこと。天気予報では午前0時から午前3時頃までを言います。

もっと言い換え！

仄々明(ほのぼのあけ)　白々明け(しらじらあけ)

「仄々明」は夜がほんのりと明けること、またその頃。
夜の明けゆく頃、明け方は「白々明け」です。

東雲(しののめ)

東の空がわずかに明るくなる頃。明け方。

昼

昼日中(ひるひなか)

 「昼」は正午またはその前後のしばらくの時間帯を指します。この正午の時間を境に、前を「**昼前**」、後を「**昼過ぎ**」「**昼下がり**」といった区別がつけられています。「昼過ぎ」は、正午を少し過ぎた頃、「昼下がり」は午後1時から2時頃と考えられます。

 昼間の時間は、「**日中**(ひなか)」、「**日脚**(ひあし)」、「**白昼**(はくちゅう)」などと言い、昼間、日中を強調して「**昼日中**(ひるひなか)」という言葉も使われます。

もっと言い換え！

日長

春になり昼間の長く感じられること。暮れにくいこと。
例文） 春の日長

日盛(ざか)り

日の盛んに照るとき、特に夏の午後の最も暑い頃。
例文） 夏の日盛りに外に出て、汗だくになった。

10

夕

暮れなずむ

「**暮れかかる**」は、日が暮れはじめるの意味。この夕暮の時間帯は「**暮れ方**」「**夕さり**」などと言います。「**薄暮**」は、薄明かりの残る夕暮れで、もうすぐ日が暮れようとすることです。

そして、夕方の薄暗い頃を「**黄昏**」と言います。これは、暗くなって顔の区別がつかず、「誰そ彼（お前は誰か）」と尋ねることからきたとされる言葉。「暁」の反対にある言葉でもあります。

日が暮れそうでいて、なかなか暮れないでいることを「**暮れなずむ**」と言い、日が暮れたあとにしばらく明るさが残ることを「**暮れ残る**」と表現します。

もっと言い換え！

火ともし頃

夕暮れになって明かりをともす頃。

宵

日が暮れてから間もない頃。「**宵のうち**」「**宵の口**」などとも言います。

夜

暮夜　小夜

　夜になった時分の古風な言い方に「暮夜」があります。そして朝が来るまでの夜の時間帯を「**夜間**」「**夜分**」などと言います。「夜分」は夜間の改まった言い方であり、「**夜分にお邪魔します**」といった表現で使われます。

　また、夜のことを「**小夜**」と言うことがあり、夜を好ましいものとしてとらえているニュアンスがあります。「小夜の寝覚め」は、夜中に目が覚めることを意味する慣用句です。

　「**深更**」は、夜のふけ渡る頃、真夜中のことを意味します。この真夜中の時間は、「草木も眠る丑三つ時」というお決まりの表現があります。これは、1日を12に分けて十二支を当てた昔の時刻に基づいた言葉。「丑の刻」を4つに分けたときの3番目にあたる時刻であり、今でいうと午前2時から2時半頃に相当します。

著者　齋藤　孝（さいとう　たかし）

1960年静岡県生まれ。東京大学法学部卒業後、同大大学院教育学研究科博士課程等を経て、明治大学文学部教授。専門は教育学、身体論、コミュニケーション論。ベストセラー作家、文化人として多くのメディアに登場。主な著書に『声に出して読みたい日本語』(草思社)をはじめ、『三色ボールペンで読む日本語』、『子どもの語彙力を伸ばすのは、親の務めです。』『大人の語彙力大全』(KADOKAWA)、『質問力』(筑摩書房)、『1分で大切なことを伝える技術』(PHP新書)、『雑談力が上がる話し方』(ダイヤモンド社)など多数。『語彙力こそが教養である』(KADOKAWA)は17万部を突破するベストセラーに。著書発行部数は1000万部を超える。NHK Eテレ「にほんごであそぼ」総合指導。

大人の語彙力ノート

2017年9月13日　初版第 1 刷発行
2025年2月8日　初版第56刷発行

著　者	齋藤　孝
発行者	出井貴完
発行所	SBクリエイティブ株式会社
	〒105-0001
	東京都港区虎ノ門2-2-1
印刷・製本	中央精版印刷株式会社
編集協力	渡辺　稔大
装丁	三森　健太（tobufune）
本文デザイン	ISSHIKI
本文イラスト	坂木　浩子
編集担当	多根　由希絵

本書のご感想・ご意見をQRコード、
URLよりお寄せください
https://isbn.sbcr.jp/93446/

落丁本、乱丁本は小社営業部にてお取り替えいたします。
定価は、カバーに記載されております。
本書に関するご質問は、小社学芸書籍編集部まで書面にてお願いいたします。
ISBN978-4-7973-9344-6
Ⓒ Takashi Saito　2017 Printed in Japan